W0255053

Informatik – Fachberichte

Band 11: Methoden der Informatik für Rechnerunterstütztes Entwerfen und Konstruieren, GI-Fachtagung, München, 1977. Herausgegeben von R. Gnatz und K. Samelson. VIII, 327 Seiten. 1977.

Band 12: Programmiersprachen. 5. Fachtagung der GI, Braunschweig, 1978. Herausgegeben von K. Alber. VI, 179 Seiten. 1978.

Band 13: W. Steinmüller, L. Ermer, W. Schimmel: Datenschutz bei riskanten Systemen. Eine Konzeption entwickelt am Beispiel eines medizinischen Informationssystems. X, 244 Seiten. 1978.

Band 14: Datenbanken in Rechnernetzen mit Kleinrechnern. Fachtagung der GI, Karlsruhe, 1978. Herausgegeben von W. Stucky und E. Holler. (vergriffen)

Band 15: Organisation von Rechenzentren. Workshop der Gesellschaft für Informatik, Göttingen, 1977. Herausgegeben von D. Wall. X, 310 Seiten. 1978.

Band 16: GI – 8. Jahrestagung, Proceedings 1978. Herausgegeben von S. Schindler und W. K. Giloi. VI, 394 Seiten. 1978.

Band 17: Bildverarbeitung und Mustererkennung. DAGM Symposium, Oberpfaffenhofen, 1978. Herausgegeben von E. Triendl. XIII, 385 Seiten. 1978.

Band 18: Virtuelle Maschinen. Nachbildung und Vervielfachung maschinenorientierter Schnittstellen. GI-Arbeitsseminar. München, 1979. Herausgegeben von H. J. Siegert. X, 230 Seiten. 1979.

Band 19: GI – 9. Jahrestagung. Herausgegeben von K. H. Böhling und P. P. Spies. (vergriffen)

Band 20: Angewandte Szenenanalyse. DAGM Symposium, Karlsruhe 1979. Herausgegeben von J. P. Foith. XIII, 362 Seiten. 1979.

Band 21: Formale Modelle für Informationssysteme. Fachtagung der GI, Tutzing 1979. Herausgegeben von H. C. Mayr und B. E. Meyer. VI, 265 Seiten. 1979.

Band 22: Kommunikation in verteilten Systemen. Workshop der Gesellschaft für Informatik e.V. Herausgegeben von S. Schindler und J. C. W. Schröder. VIII, 338 Seiten. 1979.

Band 23: K.-H. Hauer, Portable Methodenmonitoren. Dialogsysteme zur Steuerung von Methodenbanken: Softwaretechnischer Aufbau und Effizienzanalyse. XI, 209 Seiten. 1980.

Band 24: N. Ryska, S. Herda, Kryptographische Verfahren in der Datenverarbeitung. V, 401 Seiten. 1980.

Band 25: Programmiersprachen und Programmierentwicklung. 6. Fachtagung, Darmstadt, 1980. Herausgegeben von H.-J. Hoffmann. VI, 236 Seiten. 1980.

Band 26: F. Gaffal, Datenverarbeitung im Hochschulbereich der USA. Stand und Entwicklungstendenzen. IX, 199 Seiten. 1980.

Band 27: GI-NTG-Fachtagung, Struktur und Betrieb von Rechensystemen. Kiel, März 1980. Herausgegeben von G. Zimmermann. IX, 286 Seiten. 1980.

Band 28: Online-Systeme im Finanz- und Rechungswesen. Anwendergespräch, Berlin, April 1980. Herausgegeben von P. Stahlknecht. X, 547 Seiten. 1980.

Band 29: Erzeugung und Analyse von Bildern und Strukturen. DGaO – DAGM-Tagung, Essen, Mai 1980. Herausgegeben von S. J. Pöppl und H. Platzer. VII, 215 Seiten. 1980.

Band 30: Textverarbeitung und Informatik. Fachtagung der GI, Bayreuth, Mai 1980. Herausgegeben von P. R. Wossidlo. VIII, 362 Seiten. 1980.

Band 31: Firmware Engineering. Seminar veranstaltet von der gemeinsamen Fachgruppe „Mikroprogrammierung" des GI-Fachausschusses 3/4 und des NTG-Fachausschusses 6 vom 12. – 14. März 1980 in Berlin. Herausgegeben von W. K. Giloi. VII, 289 Seiten. 1980.

Band 32: M. Kühn, CAD Arbeitssituation. Untersuchungen zu den Auswirkungen von CAD sowie zur menschengerechten Gestaltung von CAD-Systemen. VII, 215 Seiten. 1980.

Band 33: GI – 10. Jahrestagung. Herausgegeben von R. Wilhelm. XV, 563 Seiten. 1980.

Band 34: CAD-Fachgespräch. GI – 10. Jahrestagung. Herausgegeben von R. Wilhelm. VI, 184 Seiten. 1980.

Band 35: B. Buchberger, F. Lichtenberger: Mathematik für Informatiker I. Die Methode der Mathematik. XI, 315 Seiten. 1980.

Band 36: The Use of Formal Specification of Software. Berlin, Juni 1979. Edited by H. K. Berg and W. K. Giloi. V, 388 pages. 1980.

Band 37: Entwicklungstendenzen wissenschaftlicher Rechenzentren. Kolloquium, Göttingen, Juni 1980. Herausgegeben von D. Wall. VII, 163 Seiten. 1980.

Band 38: Datenverarbeitung im Marketing. Herausgegeben von R. Thome. VIII, 377 pages. 1981.

Band 39: Fachtagung Prozeßrechner 1981. München, März 1981. Herausgegeben von R. Baumann. XVI, 476 Seiten. 1981.

Band 40: Kommunikation in verteilten Systemen. Herausgegeben von S. Schindler und J. C. W. Schröder. IX, 459 Seiten. 1981.

Band 41: Messung, Modellierung und Bewertung von Rechensystemen. GI-NTG-Fachtagung. Jülich, Februar 1981. Herausgegeben von B. Mertens. VIII, 368 Seiten. 1981.

Band 42: W. Kilian, Personalinformationssysteme in deutschen Großunternehmen. XV, 352 Seiten. 1981.

Band 43: G. Goos, Werkzeuge der Programmiertechnik. GI-Arbeitstagung. Proceedings, Karlsruhe, März 1981. VI, 262 Seiten. 1981.

Band 44: Organisation informationstechnik-geschützter öffentlicher Verwaltungen. Fachtagung, Speyer, Oktober 1980. Herausgegeben von H. Reinermann, H. Fiedler, K. Grimmer und K. Lenk. 1981.

Band 45: R. Marty, PISA – A Programming System for Interactive Production of Application Software. VII, 297 Seiten. 1981.

Band 46: F. Wolf, Organisation und Betrieb von Rechenzentren. Fachgespräch der GI, Erlangen, März 1981. VII, 244 Seiten. 1981.

Band 47: GWAI – 81 German Workshop on Artificial Intelligence. Bad Honnef, January 1981. Herausgegeben von J. H. Siekmann. XII, 317 Seiten. 1981.

Band 48: W. Wahlster, Natürlichsprachliche Argumentation in Dialogsystem. KI-Verfahren zur Rekonstruktion und Erklärung approximativer Inferenzprozesse. XI, 194 Seiten. 1981.

Band 49: Modelle und Strukturen. DAG 11 Symposium, Hamburg, Oktober 1981. Herausgegeben von B. Radig. XII, 404 Seiten. 1981.

Band 50: GI – 11. Jahrestagung. Herausgegeben von W. Brauer. XIV, 617 Seiten. 1981.

Band 51: G. Pfeiffer, Erzeugung interaktiver Bildverarbeitungssysteme im Dialog. X, 154 Seiten. 1982.

Band 52: Application and Theory of Petri Nets. Proceedings, Strasbourg 1980, Bad Honnef 1981. Edited by C. Girault and W. Reisig. X, 337 pages. 1982.

Band 53: Programmiersprachen und Programmentwicklung. Fachtagung der GI, München, März 1982. Herausgegeben von H. Wössner. VIII, 237 Seiten. 1982.

Informatik-Fachberichte

Herausgegeben von W. Brauer
im Auftrag der Gesellschaft für Informatik (GI)

97

Heidemarie Willmer

Systematische Software-Qualitätssicherung anhand von Qualitäts- und Produktmodellen

Springer-Verlag
Berlin Heidelberg GmbH

Autor
Heidemarie Willmer
DATEV eG
Paumgartnerstr. 6–14, 8500 Nürnberg

CR Subject Classifications (1985): D.2.4, D.2.5

ISBN 978-3-540-15220-0 ISBN 978-3-662-10197-1 (eBook)
DOI 10.1007/978-3-662-10197-1

Ursprünglich erschienen bei Springer-Verlag Berlin Heidelberg New York Tokyo 1985

2145/3140 – 5 4 3 2 1 0

Vorwort

Die Qualität von Software wird zunehmend zu einem bedeutenden Faktor bei der industriellen Software-Entwicklung. Vielfältige Anstrengungen wurden daher in den letzten Jahren unternommen, um die Komplexität der Software-Qualitätssicherung zu beherrschen. Trotz dieser Bemühungen ist man in der Regel von einer systematischen und gezielten Konstruktion der Software-Qualität noch weit entfernt.

Eine ökonomische Qualitätssicherung unter industriellen Randbedingungen setzt voraus, daß eine präzise Zielbestimmung der Produktqualität vorgenommen werden kann. Ausgehend von diesen Qualitätsanforderungen muß der Entwicklungsprozeß konstruktiv so gestaltet werden, daß die geforderte Qualität erreicht wird und frühzeitig überprüft werden kann.

Das vorliegende Buch leistet einen Beitrag zu dieser Thematik. Es beschreibt ein umfassendes, theoretisch fundiertes Modell, das sich aus zwei Teilmodellen zusammensetzt: einem Qualitäts- und einem Produktmodell. Jedes Modell enthält eine überschaubare Anzahl von Qualitäts- bzw. Produkteigenschaften, die jeweils präzise definiert und deutlich gegeneinander abgegrenzt sind. Besonderer Wert wurde auf die Transparenz und auf die leichte kognitive Erfaßbarkeit des Modells sowie auf dessen einfache Adaptierbarkeit an konkrete Entwicklungsumgebungen gelegt. Die praktische Anwendbarkeit des Modells wird anhand einer Methodik zum Ableiten von Checklisten für die Überprüfung von SADT-Diagrammen gezeigt.

Dieses Buch wendet sich an alle in der Praxis tätigen Software-Qualitätssicherer, Software-Entwickler und Software-Manager sowie an alle Studenten der Informatik mit den Schwerpunkten Praktische und Angewandte Informatik.

Die vorliegende Arbeit ist im Rahmen meiner Promotion an der Universität Karlsruhe entstanden und wurde in gleicher Form als Dissertation angenommen. An dieser Stelle möchte ich Herrn Prof. Dr. P. C. Lockemann herzlich für die gute Betreuung danken, insbesondere für seine Bereitschaft, diese außerhalb der Universität entstandene Arbeit zu unterstützen. Mein Dank gilt ebenfalls Herrn Prof. Dr. A. Schreiner für die Übernahme des Zweitgutachtens. Durch kritische Durchsicht des Manuskripts und konstruktive Diskussionsbeiträge haben sie wesentlich zum Gelingen dieser Arbeit beigetragen.

Nürnberg, im Februar 1985 Heidemarie Willmer

Inhalt

1. Einleitung

1.1 Einführung in die Thematik

Ziel jeder industriellen Produktentwicklung ist es, Produkte termin-, kosten- und qualitätsgerecht zu erstellen. "Die Maßnahmen zur Erreichung der geforderten Qualität" werden nach DIN 55 350 als Qualitätssicherung bezeichnet. Sie ist heute fester Bestandteil fast aller Ingenieurdisziplinen.

Auch bei der Software-Entwicklung ist die Sicherstellung der Qualität von zunehmender Relevanz. Software wird verstärkt in komplexe Systeme integriert (embedded software). Mangelhafte Software-Qualität kann in diesen Bereichen unübersehbare und schwerwiegende Folgen nach sich ziehen /Dunn, Ullman 82/. Software tangiert heute eine große Anzahl von Personen während ihrer Entwicklung und Wartung und eine noch größere Zahl bei ihrer Anwendung durch den Endbenutzer (Betrieb) /Dunn, Ullman 82/.

Software-Qualität soll als Gesamtheit einzelner Qualitätseigenschaften verstanden werden /Buckley, Poston 84/. Die für die Nutzung gewünschten Qualitätseigenschaften sind vor der Entwicklung festzulegen. Ihre Validierung erfolgt während der Nutzung. Diskrepanzen zwischen postulierter und erreichter Qualität lassen sich dann nicht mehr mit vertretbarem Aufwand korrigieren. Darüberhinaus beschreiben Qualitätseigenschaften lediglich die Eignung von Software für die spezifische Nutzung; sie sagen nichts darüber aus, wie der Software-Konstrukteur die geforderte Qualität erreichen kann.

Die bei der Konstruktion von Software eingesetzten Methoden, Sprachen, Richtlinien und Werkzeuge (im folgenden als "Hilfsmittel" bezeichnet) implizieren bestimmte konstruktionsbezogene Produkteigenschaften. Diese Eigenschaften können gezielt konstruiert werden. Ihre Validierung kann ohne Nutzung des Softwareprodukts direkt nach dem entsprechenden

Konstruktionsschritt erfolgen.

Produkteigenschaften beeinflussen die Software-Qualität. Anhand der Produkteigenschaften können Vorschriften bzw. Richtlinien abgeleitet werden, mit deren Hilfe die Qualität von Software gezielt konstruiert werden kann und die eine frühzeitige (mittelbare) Evaluierung der Qualität ermöglichen. Diese Vorgehensweise bildet die Voraussetzung für eine ökonomische und systematische Qualitätssicherung. Dazu ist es notwendig, die Zusammenhänge zwischen Qualitäts- und Produkteigenschaften zu kennen.

Das Hauptziel der vorliegenden Arbeit ist die Erarbeitung eines Modells, das die Qualitäts- und Produkteigenschaften sowie deren Interrelationen beschreibt.

Es soll eine Grundlage für die Qualitätssicherung in der industriellen Praxis bilden. Die praktische Anwendbarkeit und Akzeptanz erfordern ein für den Nutzer kognitiv leicht erfaßbares und transparentes Modell.
Das Modell soll die grundlegenden, für die Praxis relevanten Qualitäts- und Produkteigenschaften herausarbeiten, wobei auf deren sorgfältige, disjunkte Definition besonderes Gewicht gelegt wird.
In der industriellen Praxis können sich die eingesetzten Hilfsmittel ändern oder in verschiedenen Organisationseinheiten unterschiedlich gehandhabt werden. Das Modell muß daher von dedizierten Hilfsmitteln weitgehend unabhängig sein. Abhängigkeiten müssen aufgezeigt werden.
Um frühzeitig Produktmängel feststellen zu können, soll das Modell alle Entwicklungsphasen berücksichtigen.

Die vorliegende Arbeit ist folgendermaßen aufgebaut:
Im zweiten Kapitel wird der Beitrag existierender Ansätze zur Zielsetzung untersucht. Anhand der sich daraus ergebenden Mängel wird die Zielsetzung endgültig festgelegt.
Das dritte Kapitel skizziert das zu entwickelnde Modell. Das vierte Kapitel beschreibt die Qualitätseigenschaften in Form

eines Teil-Modells. Kapitel 5 beschäftigt sich analog dazu mit den Produkteigenschaften.
Das sechste Kapitel behandelt die Relationen zwischen den Qualitäts- und Produkteigenschaften. Der Stand der Technik erlaubt es nicht, allgemeingültige und abgesicherte Relationen anzugeben. Bekannte Relationen beruhen meist auf der individuellen Erfahrung und sind mehr oder minder subjektiv geprägt. Die in Kapitel 6 beispielhaft aufgeführten Relationen sind in diesem Sinne aufzufassen.
Im siebten Kapitel werden Checklisten für die Qualitätsprüfung von SADT (Structured Analysis and Design Technique) hergeleitet, um die praktische Anwendbarkeit des Modells zu exemplifizieren.

1.2 Erläuterung der Grundbegriffe

Die oben verwendeten Begriffe "Qualitätseigenschaft" und "Produkteigenschaft" sind zwar intuitiv verständlich, aber da die Terminologie dieser Thematik recht uneinheitlich ist und um individuell differierende Interpretationen zu vermeiden, erscheint es notwendig, sie präzise zu definieren.

Eine Qualitätseigenschaft dient zur qualitativen und/ oder quantitativen Unterscheidung von Software aus Nutzungssicht. Beispiele für Qualitätseigenschaften sind "Änderbarkeit" und "Korrektheit".

Zur Definition der Produkteigenschaft muß zunächst der Begriff "Produktmerkmal" eingeführt werden.
Unter einem Produktmerkmal ist ein einem Software-Produkt inhärentes Attribut zu verstehen, das dessen Konstruktion charakterisiert.

Eine Produkteigenschaft bezeichnet eine dedizierte Kategorie von Produktmerkmalen. Die Klassenbildung ist disjunkt; sie erfolgt nach konstruktionsbezogenen Kriterien.
Zur Illustration dieser beiden Begriffe soll folgendes Bei-

spiel dienen.
Ein "guter" Produktentwurf zeichnet sich nach /Stevens 81/ duch die Produktmerkmale "funktionale oder informale Modulbindung" und "schmale Datenkopplung" aus. Beide Produktmerkmale beziehen sich auf die Modulstruktur. Sie gehören in die Kategorie der Produkteigenschaft "Strukturierung".

In Abschnitt 1.1 wird global nur von Zusammenhängen zwischen Qualitäts- und Produkteigenschaften gesprochen. Diese Relationen beschreiben den Einfluß der Produktkonstruktion auf die Software-Qualität kompakt auf hohem Abstraktionsniveau.
Wie oben definiert wurde, besteht jede Produkteigenschaft aus einer Reihe von Produktmerkmalen. Um konkrete Aussagen über die gezielte Konstruktion der Software-Qualität zu ermöglichen, müssen auch die Relationen zwischen Qualitätseigenschaften und Produktmerkmalen berücksichtigt werden.

2. Stand der Kunst und Präzierung der Zielsetzung

2.1 Klassifikation der relevanten Literatur

Es existieren drei Bereiche, die einen potentiellen Beitrag zur genannten Zielsetzung enthalten: die Hardware-Qualitätssicherung, der Software-Engineering-Bereich und die Software-Qualitätsssicherung. Für jeden Bereich wird der potentielle Beitrag getrennt analysiert.

a) Hardware-Qualitätssicherung

Hauptaufgaben der Hardware-Qualitätssicherung sind zum einen die stichprobenartige Überprüfung der Produkte aus der Serie, zum anderen die Antizipation des Verschleiß- und Alterungsprozesses durch Dauertests der Vorserienprodukte. Da es sich bei Software weder um ein Serienprodukt, noch um ein Produkt mit Alterungs- und Verschleißerscheinungen handelt, ist hier nur die entwicklungsbegleitende Qualitätssicherung von Bedeutung. Bei Hardware sind jedoch völlig andere Qualitätseigenschaften relevant als bei Software /Gaster et al. 81/. Dieser Bereich bietet somit keine Lösung für die Problemstellung an.

b) Software Engineering

Im Software Engineering-Bereich wurden in den letzten Jahren große Anstrengungen unternommen, um Produktmerkmale zu erarbeiten, die zur Qualitätsverbesserung von Software beitragen. Ebenso wurde untersucht, welche Hilfsmittel nötig sind, um gewünschte Produktmerkmale gezielt zu konstruieren. Es existieren eine Reihe von Ansätzen, die Zusammenhänge zwischen Produktmerkmalen und der Software-Qualität beschreiben. Keiner von ihnen zeigt die Zusammenhänge jedoch umfassend auf.

c) Software-Qualitätssicherung

Die Software-Qualitätssicherung hat sich als ein Spezialgebiet des Software-Engineering etabliert. Der besseren Übersicht halber wird sie hier jedoch eigenständig betrachtet.
Einige Ansätze beschreiben nur Qualitätseigenschaften /Sneed 81/, beinhalten jedoch keine Abbildung auf Einzelmerkmale der Produktkonstruktion. Sie sind für einen Praxiseinsatz zu vage und stellen somit keine Lösung für die genannte Zielsetzung dar.
Es existieren eine Reihe weiterer Ansätze, die den Zusammenhang zwischen der Qualität einerseits und der Produktkonstruktion andererseits beschreiben.
Diese Ansätze lassen sich in die zwei Kategorien
- Abbildung der Qualität auf Kenngrößen und
- Abbildung der Qualität auf Produktmerkmale

klassifizieren.

Kenngrößen

Kenngrößen sind "meßbare software-technische Größen" /Modelle und Metriken 84/. Typische Ansätze dieser Kategorie sind die Metriken von McCabe /McCabe 76/ und Halstead /Halstead 77/. Für einen umfassenden Überblick über Kenngrößen und Metriken sei auf /Höcker et al. 84/ verwiesen. Der Vorteil dieser Ansätze liegt in der eindeutigen, objektiven Meßbarkeit. Ihr Nachteil besteht darin, daß wesentliche produktbezogene Einflußfaktoren unberücksichtigt bleiben. Beispielsweise geht die Wahl problemadäquater Variablennamen nicht in die Bewertung ein (siehe auch /Magel 82, S.38/). Außerdem existieren keine umfassenden Ansätze, sondern es werden nur dedizierte Qualitätseigenschaften berücksichtigt. Derartige Ansätze stellen daher keine geeignete Ausgangsbasis dar.

Produktmerkmale

Ansätze dieser Art berücksichtigen auch qualitative Einflußfaktoren. Eine Anzahl von Ansätzen beschreibt den Qualitätsaspekt relativ umfassend. Sie werden in diesem Kapitel im Anschluß an die Präzisierung der Zielsetzung detaillierter

analysiert.
Ansätze, die die Relationen zwischen Qualitätseigenschaften und Produkteigenschaften bzw. -merkmalen aufzeigen, werden als Modelle bezeichnet.

2.2 Präzisierung der Zielsetzung

Um die Unabhängigeit des Modells von dedizierten Hilfsmitteln sicherzustellen, muß es die grundlegenden Produkteigenschaften enthalten, die den Konstruktionsaspekt von Software-Produkten vollständig beschreiben. Produkteigenschaften sind von dedizierten Sprachen, Methoden, Werkzeugen und Richtlinien unabhängig zu definieren. Ihnen werden in Abhängigkeit von den eingesetzten Hilfsmitteln konkrete Produktmerkmale zugeordnet. Um der Anwendung des Modells in der Praxis dessen Anpassung an gewählte Hilfsmittel zu erleichtern, muß diese Zuordnung anhand eindeutiger und leicht nachvollziehbarer Kriterien erfolgen.

Durch Einführung der Produkteigenschaften können alle grundlegenden Einflüsse der Produktkonstruktion auf die Qualität beschrieben werden. Würden die Qualitätseigenschaften ausschließlich direkt auf Produktmerkmale abgebildet, so könnte die Zuordnung nur exemplarisch erfolgen, da die Menge der Produktmerkmale unübersehbar groß und von den eingesetzten Hilfsmitteln abhängig ist.

Die Qualität eines Software-Produkts interessiert in erster Linie den Nutzer (siehe Abschnitt 4.2) der Software. Für den Software-Ersteller ist dagegen von Interesse, wie die Software zu konstruieren ist.
Das Modell soll diesen Dualismus von Software-Qualität einerseits und der Konstruktionsweise des Produkts andererseits deutlich hervorheben, um durch gezielte Konzentration auf jeweils einen Blickwinkel die kognitive Erfaßbarkeit zu verbessern.

Um die praktische Anwendung zu erleichtern, muß die Anzahl der Eigenschaften auf ein überschaubares Maß begrenzt sein. Desweiteren müssen sich sowohl Qualitäts- als auch Produkteigenschaften eindeutig und relativ problemlos gegeneinander abgrenzen lassen.
Trotz dieser Anforderungen soll das Modell vollständig sein, d.h. es soll alle für die industrielle Praxis relevanten Qualitätseigenschaften berücksichtigen. Eine Ausnahme bilden die Qualitätseigenschaften der Themenkomplexe Benutzungsfreundlichkeit und Erlernbarkeit. Sie stellen zentrale Probleme der Mensch-Maschine-Kommunikation dar, die einer eigenständigen Analyse bedürfen.

Die kognitive Erfaßbarkeit wird ebenfalls ganz entscheidend von der dem Modell zugrundeliegenden Struktur bestimmt. Um die Transparenz zu fördern, müssen die Interrelationen der Qualitätseigenschaften klar erkennbar sein und der Einfluß der Produktkonstruktion auf die Qualität übersichtlich aufgezeigt werden.
Die Transparenz des Teil-Modells, das die Qualitätseigenschaften beschreibt, ist insbesondere für die Qualitätszielbestimmung durch den Auftraggeber wichtig. Er muß einfach erkennen können, welche Qualitätseigenschaften in einer gegebenen Situation relevant sind und wie diese Qualitätseigenschaften zusammenwirken.

Um das Prinzip der frühzeitigen Fehlererkennung /Balzert 82/ zu realisieren, muß das Modell alle konstruktiven Phasen der Software-Entwicklung berücksichtigen, d.h. es muß Konstruktionsvorschriften für Software-Produkte der Phasen Definition, Entwurf und Implementierung /Balzert 82/ beinhalten.

Im folgenden Abschnitt werden existierende Modelle daraufhin analysiert, inwieweit sie diese Zielsetzung erfüllen.

2.3 Beitrag existierender Modelle

Folgende Modelle werden auf ihren Beitrag bzgl. der in Abschnitt 2.2 beschriebenen Zielsetzung analysiert:

1. /McCall, Matsumoto 80/
2. /Boehm et al. 78/
3. /SMEH 80/ bzw. /Peercy 81/
4. /Werner 81/
5. /Modelle und Metriken 84/ bzw. /Pocsay, Rombach 84/
6. /Willmer, Balzert 84/

Dazu wird folgendes - auf obige Zielsetzung abgestimmtes - Schema verwendet:

I. Dualismus von Qualitäts- und Produkteigenschaften
II. Überschaubarkeit und Vollständigkeit
III. Transparenz der Struktur
IV. Berücksichtigung aller Entwicklungsphasen

Die Ansätze von /McCall, Matsumoto 80/ und /Boehm et al. 78/ weisen viele Gemeinsamkeiten auf; sie werden daher gemeinsam abgehandelt.

1./2. Modelle von /McCall, Matsumoto 80/ und /Boehm et al. 78/

I. <u>Dualismus von</u> Qualitäts- und Produkteigenschaften
Die Ansätze berücksichtigen eine Klassifikation in nutzungsorientierte ("management oriented" /McCall, Matsumoto 80/, "reflects the actual uses" /Boehm et al. 78/) und produktorientierte ("product oriented" /McCall, Matsumoto 80/, "correlated with the actual software metric" /Boehm et al. 78/) Eigenschaften. Begrifflich entspricht diese Differenzierung weitgehend der Unterscheidung in Qualitäts- und Produkteigenschaften. Die zugehörigen Modelle stimmen jedoch nur teilweise mit der angegebenen Definition überein. Beispielsweise werden sowohl Modularität als auch Speichereffizienz von /McCall, Matsumoto 80/ als Produkteigenschaften betrach-

tet, obwohl Speichereffizienz eine Qualitätseigenschaft ist, wie in Kap. 4 gezeigt wird.

Wegen dieser inhaltlichen Diskrepanz werden bei der Analyse dieser Modelle die Termini "produktorientierte bzw. nutzungsorientierte Eigenschaft" verwendet. Während erstere sowohl Produkt- als auch Qualitätseigenschaften sein können, sind letztere stets Qualitätseigenschaften (siehe Abb. 2.1).

Ein weiterer Mangel ist, daß keine eindeutigen Klassifikationskriterien für produkt- bzw. nutzungsorientierte Eigenschaften angegeben werden.

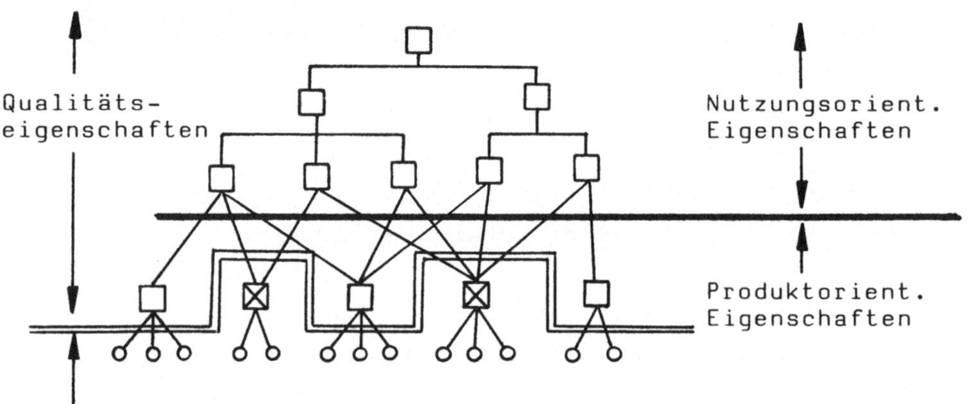

Legende:
□ : Qualitätseigenschaft
⊠ : Produkteigenschaft
o : Produktmerkmal

Abb. 2.1 Prinzipielle Struktur der Modelle von /McCall, Matsumoto 80/ und /Boehm et al. 78/

II. Überschaubarkeit und Vollständigkeit

Beide Ansätze sind mit 21 /Boehm et al. 78/ bzw. 36 /McCall, Matsumoto 80/ Eigenschaften sehr umfassend und beschreiben den Qualitätsaspekt relativ vollständig. Insbesondere der Ansatz von /McCall, Matsumoto 80/ ist wegen der Vielzahl von Einzeleigenschaften nicht mehr überschaubar. Eine weitere Schwachstelle dieser Modelle ist, daß ihre Eigenschaften für den Praxiseinsatz nicht immer präzise genug gegeneinander abgegrenzt sind. Als Beispiel seien die Eigenschaften "simplicity" und "modularity" von /McCall, Matsumoto 80/ genannt. Die mangelhafte Abgrenzung äußert sich sowohl begrifflich als auch in der Zuordnung von Produktmerkmalen zu Produkt- bzw. Qualitätseigenschaften.

III. Transparenz der Struktur

Die Eigenschaften dieser Modelle sind in einer mehrstufigen Hierarchie organisiert; die nutzungsorientierten Eigenschaften bilden eine Baumhierarchie; durch Hinzufügen der produktorientierten Eigenschaften entsteht ein Netz (Abb. 2.1). Da die Anzahl der produktorientierten Eigenschaften relativ groß ist, hat diese Struktur zur Folge, daß der Einfluß der produktorientierten auf die nutzungsorientierten Eigenschaften nur schwer überblickt werden kann. /McCall, Matsumoto 80/ klassifizieren die Produktmerkmale zusätzlich objekt- bzw. zweckorientiert. Beispielsweise untergliedern sie "self-descriptiveness" in "quantity of comments", "effectiveness of comments" und "descriptiveness of implementation language". Diese Strukturierung stellt jedoch keinen wesentlichen Beitrag zur Verbesserung der Transparenz dar.

IV. Berücksichtigung aller Entwicklungsphasen

Das Modell von /Boehm et al. 78/ ist auf (FORTRAN-)Programme abgestimmt. Das Modell von /McCall, Matsumoto 80/ enthält darüberhinaus Produktmerkmale der frühen Entwicklungsphasen; es sind jedoch in erster Linie solche, die sich auf die Programmqualität auswirken.

3. Modell von /SMEH 80/ bzw. /Peercy 81/

I. Dualismus von Qualitäts- und Produkteigenschaften

In dem Modell wird die Wartbarkeit von Software-Produkten in eine Anzahl von Produkt- und Qualitätseigenschaften zerlegt. Eine Trennung beider Eigenschafts-Arten wird im Ansatz nicht herausgearbeitet.

II. Überschaubarkeit und Vollständigkeit
Das Modell beschreibt nur einen Teil der Software-Qualität. Wegen der geringen Anzahl von Eigenschaften ist es leicht überschaubar. Die begriffliche Abgrenzng der Eigenschaften gegeneinander ist zufriedenstellend; die Zuordnung der Produktmerkmale zu den Eigenschaften ist jedoch nicht immer offensichtlich.

III. Transparenz der Struktur
Das Modell ist relativ leicht kognitiv erfaßbar. Das liegt zum Teil sicher an seinem geringen Umfang. Andererseits ist auch die übersichtliche Baumstruktur ein Grund dafür. Die Wartbarkeit wird in eine Reihe von Qualitäts- und Produkteigenschaften zerlegt. Jede Eigenschaft wird weiter strukturiert, indem die zugeordneten Produktmerkmale jeweils objekt- oder zweckspezifisch klassifiziert werden. Beispielsweise setzt sich "modularity" aus "format modularity", "data modularity" etc. zusammen.

IV. Berücksichtigung aller Entwicklungsphasen
Das Modell berücksichtigt Programme und Dokumentation (program design, specification) gleichermaßen. Eine Trennung zwischen verschiedenen Phasenergebnissen wird jedoch nicht herausgearbeitet.

4. Modell von /Werner 81/

I. Dualismus von Qualitäts- und Produkteigenschaften
Das Modell beschreibt eine Anzahl von Qualitätseigenschaften, die direkt auf Produktmerkmale ("Indikatoren") abgebildet werden.

II. Überschaubarkeit und Vollständigkeit
Die geringe Anzahl von Qualitätseigenschaften, die begrifflich deutlich gegeneinander abgegrenzt sind, erleichtert die Überschaubarkeit. Es fehlen jedoch wichtige Qualitätseigenschaften.

III. Transparenz der Struktur

Da die Produktmerkmale nicht strukturiert sind, ist ihr Einfluß auf die Qualitätseigenschaften schwer zu überblicken.

IV. Berücksichtigung aller Entwicklungsphasen

Das Modell ist speziell auf (COBOL-)Programme abgestimmt.

5. Modell von /Modelle und Metriken 84/ bzw. /Pocsay, Rombach 84/

I. Dualismus von Qualitäts- und Produkteigenschaften

Das Modell beschreibt nur Qualitätseigenschaften. Diese Qualitätseigenschaften werden auf Produktmerkmale und die Produktmerkmale auf Kenngrößen abgebildet.

II. Überschaubarkeit und Vollständigkeit

Das Modell erhebt keinen Anspruch auf Vollständigkeit. Dementsprechend behandelt es neben der Wartung nur einen Teilaspekt der Produktbenutzung. Die begriffliche Abgrenzung der Qualitätseigenschaften gegeneinander ist nicht immer offensichtlich.

III. Transparenz der Struktur

Die Qualitätseigenschaften bilden ein mehrstufiges Netz, das die vielschichtigen Abhängigkeiten der Qualitätseigenschaften voneinander beschreibt. Der Einfluß der Produktkonstruktion ist wegen der direkten Abbildung auf Produktmerkmale schwer zu überblicken.

IV. Berücksichtigung aller Entwicklungsphasen

Das Modell berücksichtigt Ergebnisse der Phasen Definition, Entwurf und Implementierung.

6. Modell von /Willmer, Balzert 84/

I. Trennung von Qualitäts- und Produkteigenschaften
Das Modell beschreibt nur Qualitätseigenschaften, die direkt auf Produktmerkmale abgebildet werden.

II. Überschaubarkeit und Vollständigkeit
Das Modell erhebt keinen Anspruch auf Vollständigkeit, sondern soll nur zur Exemplifizierung einer systematischen Qualitätssicherung anhand einer Fallstudie dienen. Die Qualitätseigenschaften lassen sich leicht gegeneinander abgrenzen.

III. Transparenz der Struktur
Die Qualitätseigenschaften bilden eine Baumhierarchie. Die Produktmerkmale sind nach den Prinzipien /Balzert 82/ strukturiert, die sie jeweils unterstützen. Dadurch wird der Einfluß der Produktmerkmale auf die Qualitätseigenschaften transparenter.

IV. Berücksichtigung aller Entwicklungsphasen
Das Modell berücksichtigt Ergebnisse der Phasen Definition, Entwurf und Implementierung.

Als Resümee dieser Analyse ergibt sich, daß keines der existierenden Modelle die spezifizierte Zielsetzung vollständig erfüllt. Kein Modell berücksichtigt den Dualismus von Qualitäts- und Produkteigenschaften entsprechend der Anforderung.
Bezüglich der Vollständigkeit kommen die Ansätze von /McCall, Matsumoto 80/ und /Boehm et al.78/ der Zielsetzung am nächsten. Diese Modelle sind jedoch aufgrund ihrer großen Anzahl von Qualitäts- und Produkteigenschaften und deren vielfältiger Interrelationen schwer überschaubar.
Generell kann man sagen, daß es den vollständigen Modellen an der Tranparenz der Struktur und der Überschaubarkeit mangelt; die transparenten und überschaubaren Modelle sind dage-

gen unvollständig.
Die meisten Modelle erfüllen die eine oder andere Anforderung; sie stellen daher eine durchaus geeignete Ausgangsbasis für das in dieser Arbeit zu konzipierende Modell dar. Dieses Modell wird in den folgenden Kapiteln drei bis sechs dargestellt.

3. Konzeption des Gesamtmodells

Das in dieser Arbeit zu entwickelnde Gesamtmodell besteht aus einem Qualitätsmodell, einem Produktmodell und deren Interrelationen (Abb. 3.1).

Das Qualitätsmodell ist ein Modell zum Postulieren, Spezifizieren und Validieren der Software-Qualität. Die Objekte dieses Modells sind die Qualitätseigenschaften.

Das Produktmodell ist ein Modell zum Postulieren, Spezifizieren und Validieren der Produktkonstruktion. Seine Objekte sind die Produkteigenschaften und Produktmerkmale.

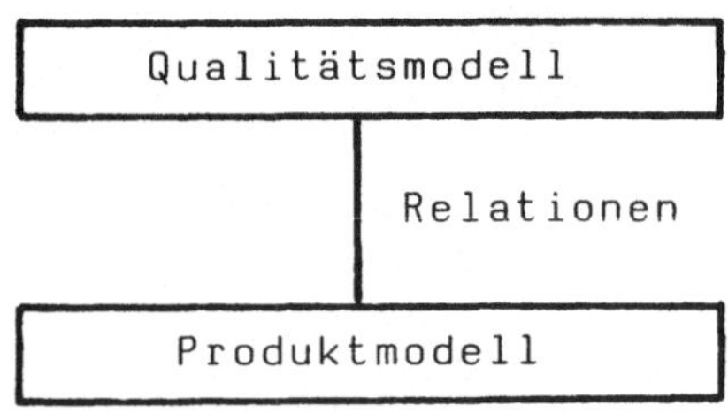

Abb. 3.1 Grobstruktur des Gesamtmodells

Die Dualität von Qualitäts- und Produktmodell entspricht den beiden Perspektiven "Nutzung von Software" und "Konstruktion von Software".

Die Qualität eines Software-Produkts wird i. allg. vor dem Entwicklungsbeginn aus Nutzersicht festgelegt. Da nicht im jedem Fall dieselbe Qualität benötigt wird, muß der Ausprägungsgrad jeder relevanten Qualitätseigenschaft mittels einer Skala festgelegt werden können. Wie durch die Konstruktion die postulierte Qualität erreicht wird, ist für diesen Blickwinkel unwichtig. Nach Fertigstellung des Produkts muß anhand eindeutiger Kriterien überprüft werden können, ob die spezifizierten Qualitätseigenschaften in der geforderten Ausprägung erreicht wurden.

Aufgabe der Konstrukteure ist es, ein Produkt so zu realisieren, daß es die geforderte Qualität erfüllt.

Weitgehend bekannt ist, wie bei der Konstruktion dedizierte Produktmerkmale durch Einsatz entsprechender Methoden, Sprachen, Richtlinien und Werkzeuge sichergestellt werden. Diese

Produktmerkmale können direkt im Anschluß an den betreffenden Konstruktionsschritt validiert werden. Vorhandene Abweichungen können mit wesentlich geringerem Aufwand korrigiert werden als bei einer entwicklungsnachgelagerten Qualitätsprüfung aus Nutzungssicht.
Damit sind jedoch noch keine Aussagen bzgl. der Erfüllung der geforderten Qualität möglich. Bei hohen Qualitätsanforderungen wird oft so verfahren, daß Methoden, Sprachen, Richtlinien und Werkzeuge systematisch und umfassend eingesetzt werden; man hofft, daß das Produkt die gewünschte Qualität dann schon haben werde.
Damit Software-Qualität gezielt konstruiert und ökonomisch validiert werden kann, müssen die Abhängigkeiten zwischen den Qualitätseigenschaften einerseits und den Produkteigenschaften und -merkmalen andererseits bekannt sein.
Im folgenden werden zunächst das Qualitäts- und das Produktmodell in ihrer Grundkonzeption erläutert und anschließend deren Interrelationen betrachtet.

Qualitätsmodell

Software-Qualität läßt sich auf verschiedenen Abstraktionsebenen betrachten. Qualitätseigenschaften können demgemäß in detailliertere Qualitätseigenschaften zerlegt werden. Diese Zerlegung soll so weit erfolgen, wie eine Differenzierung aus Nutzersicht sinnvoll ist. Wie im vierten Kapitel gezeigt wird, ergibt sich als sachimmanente Struktur eine Baumhierarchie (Abb. 3.2). Entsprechend dem Zerlegungsprozeß besteht zwischen den Qualitätseigenschaften die "Ist-enthalten-in-Relation" /Balzert 82/.

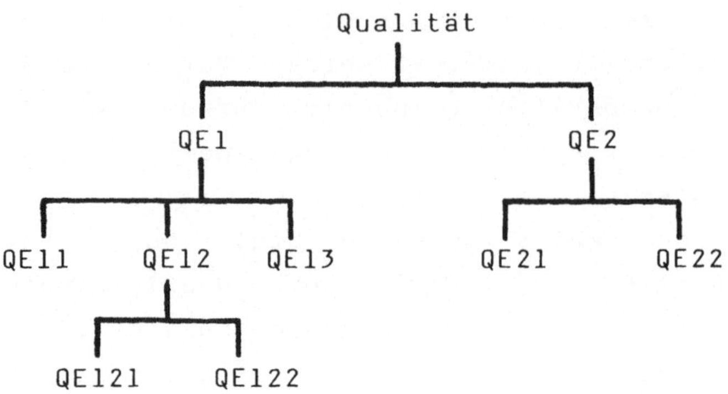

Abb. 3.2 Baumstruktur des Qualitätsmodells

Die Festlegung der relevanten Qualitätseigenschaften erfolgt durch den Auftraggeber und durch die verantwortliche Firma (siehe Abschnitt 4.2). Zu berücksichtigende Kriterien sind neben der jeweiligen Anwendung auch die Interrelationen der Qualitätseigenschaften. Auch diese Abhängigkeiten sollen in dem Qualitätsmodell beschrieben werden.

Produktmodell

Analysiert man eine Vielzahl von Produktmerkmalen, so zeigt sich (siehe Kapitel 5), daß sie sich in eine überschaubare Anzahl von Kategorien einordnen lassen. Jede Kategorie bildet eine Produkteigenschaft. Die Sachimmanenz der Klassifikation führt auch hier zu einer Baumstruktur (Abb. 3.3).

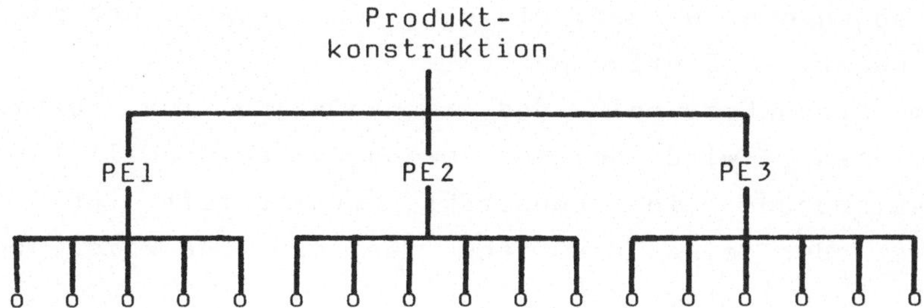

Legende:
o : Produktmerkmal

Abb. 3.3 Baumstruktur des Produktmodells

Produkteigenschaften sind unabhängig von den eingesetzten Methoden, Richtlinien, Sprachen und Werkzeugen zu definieren. Produktmerkmale sind dagegen abhängig von diesen Hilfsmitteln.
Die Produkteigenschaften des Produktmodells sollen den Aspekt der Produktkonstruktion vollständig beschreiben. Produktmerkmale können aus obigem Grund nur exemplarisch angegeben werden. Dieser gründsätzliche Unterschied wird bei der Begriffsbildung berücksichtigt.

Relationen

Die Relationen beschreiben den Einfluß der Produkteigenschaften und -merkmale auf die Qualitätseigenschaften (Abb. 3.4).
Die Relationen zwischen Qualitäts- und Produkteigenschaften bedeuten, daß in der Kategorie der entsprechenden Produkteigenschaft Produktmerkmale existieren, die einen Einfluß auf die zugehörige Qualitätseigenschaft ausüben. Die Relation bezieht sich - im Gegensatz zu existierenden Ansätzen - nicht auf alle Produktmerkmale dieser Kategorie.
Die zwischen Qualitäts- und Produkteigenschaften bestehenden Relationen sind von der Art "hat Einfluß auf", d.h. es wird analysiert ob oder ob nicht von der Produkteigenschaft ein Einfluß auf die Qualitätseigenschaft ausgeübt wird. Nur im ersteren Fall müssen einzelne Produktmerkmale der Produkteigenschaft näher betrachtet werden. Die Relationen zwischen Qualitätseigenschaften und Produktmerkmalen können detail-

lierter angegeben werden; sie sind von der Art "hat positiven bzw. negativen Einfluß auf".

Aus jedem Produktmerkmal, das in Relation zur Software-Qualität steht, wird bei der Anwendung des Modells für die Qualitätssicherung eine Konstruktionsvorschrift für eine Richtlinie oder eine Prüffrage für eine Checkliste (vgl. Kapitel 7) hergeleitet.

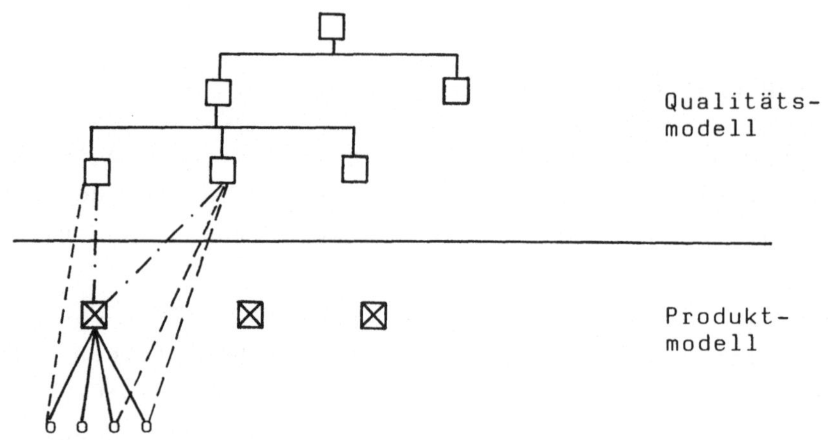

Legende:
□ : Qualitätseigenschaft
⊠ : Produkteigenschaft
o : Produktmerkmal
- · - : Relation "hat Einfluß auf" zwischen Produkt- und Qualitätseigenschaft
---- : Relation "hat positiven bzw. negativen Einfluß auf" zwischen Produktmerkmal und Qualitätseigenschaft

Abb. 3.4 Struktur des Gesamtmodells

4. Qualitätsmodell

Gegenstand dieses Kapitels ist die systematische Entwicklung des Qualitätsmodells. Ausgangsbasis bilden bereits in der Literatur definierte Qualitätseigenschaften. Im Anschluß an die allgemeine Beschreibung des Modells und dessen Entwicklungsmethodik erfolgt die Herleitung des Qualitätsmodells.

4.1 Liste von Qualitätseigenschaften

Die folgende Liste enthält Qualitätseigenschaften, die als Ausgangsbasis für das hier zu konzipierende Qualitätsmodell angesehen werden können. Qualitätseigenschaften wie Benutzungsfreundlichkeit werden entsprechend der Zielsetzung nicht berücksichtigt. Ebenso werden eine Reihe von Qualiätseigenschaften, die ausschließlich zur Strukturierung in vorhandenen Ansätzen dienen und keine zusätzliche Information enthalten (z.B. Wartungsfreundlichkeit von /Sneed 81/), nicht aufgeführt.
Die existierenden Ansätze enthalten keine präzise Trennung von Qualitäts- und Produkteigenschaften. Für die Selektion der Qualitätseigenschaften ist daher die Angabe eines Auswahlkriteriums nötig.
Eine Eigenschaft wird in die folgende Liste eingetragen, wenn sie aus Nutzungssicht wichtig ist, d.h. es ergeben sich direkte Konsequenzen für die Nutzung, wenn diese Eigenschaft nicht in der notwendigen Ausprägung vorhanden ist. In der Definition dürfen keine Angaben darüber gemacht werden, wie das Produkt konstruiert ist (Abgrenzung gegen das Produktmodell).
Die Validierung dieses Kriteriums erfolgt anhand der Definitionen der Eigenschaften.
Neben deutschen werden auch englische Begriffe berücksichtigt. Das ist notwendig, weil ein Großteil der Publikationen der amerikanischen Literatur entstammt.

Deutsche und englische Begriffe werden in zwei separaten

Listen aufgeführt, die jeweils folgendermaßen aufgebaut sind:

- Lfd. Nr.,
- Begriff für eine Qualitätseigenschaft,
- Aufzählungen der Literaturstellen, aus denen der Begriff entnommen wurde.

Diese Literaturstellen sind in der Auflistung mit natürlichen Zahlen gekennzeichnet. Die entsprechende Zuordnung findet sich im Anschluß an beide Listen.

Liste deutscher Begriffe für Qualitätseigenschaften

1	Adaptabilität	5, 7
2	Allgemeingültigkeit	11
3	Änderbarkeit	3, 10, 11, 18
4	Anpaßbarkeit	10
5	Ausfallsicherheit	5
6	Effektivität	6, 15
7	Effizienz	7, 11, 15, 16, 19
8	Effizienz (Arbeitsspeicher) ...	18
9	Effizienz (Laufzeit)	18
10	Fehlerfreiheit	12
11	Flexibilität	15, 19
12	Funktionale Korrektheit	18
13	Funktionserfüllung	13
14	Integrität	15
15	Korrektheit	5, 15, 16
16	Laufzeit	15
17	Laufzeiteffizienz	17
18	Lesbarkeit	5
19	Nachprüfbarkeit	16
20	Pflegbarkeit	10
21	Portabilität	3, 5, 7, 11, 15, 19
22	Prüfbarkeit	10
23	Reparierbarkeit	15
24	Richtigkeit	6, 11
25	Robustheit	5, 6, 7, 11, 18
26	Sicherheit	11, 15, 16
27	Speicherbedarf	15
28	Speichereffizienz	17
29	Testbarkeit	11
30	Transparenz	15
31	Überprüfbarkeit	18
32	Übertragbarkeit	3, 13, 17, 19
33	Übertragungsfreundlichkeit	16
34	Universalität	12
35	Verbrauchsverhalten	13
36	Verfügbarkeit	6, 15
37	Vernünftiges Fehlerverhalten ..	5
38	Verständlichkeit	5, 7, 10, 11
39	Wartbarkeit	6, 10, 17, 18
40	Wartungsfreundlichkeit	6, 13, 16

Liste englischer Begriffe für Qualitätseigenschaften

Die obigen Listen referenzieren folgende Literaturstellen:

1 : /Boehm et al. 78/
2 : /Enos, Van Tilburg 81/
3 : /Gewald et al. 79/
4 : /Gilb 76/
5 : /Kimm et al. 79/
6 : /Kopetz 76/
7 : /Kurbel 83/
8 : /McCall, Matsumoto 80/
9 : /Myers 76/
10 : /Pocsay, Rombach 84/
11 : /Schmitz et al. 82/
12 : /Schulz 78/
13 : /Siemens 83/
14 : /SMEH 80/
15 : /Sneed 81/
16 : /Stetter 81/
17 : /Werner 81/
18 : /Willmer, Balzert 84/
19 : /Zimmermann 78/

Die Klassifikation der Eigenschaften in Qualitäts- und Produkteigenschaften ist teilweise problematisch. Einige der publizierten Eigenschaften beschreiben gemäß ihrer Definition sowohl nutzungs- als auch konstruktionsbezogene Aspekte. In diesen Fällen wird wie folgt verfahren: Wird diese Eigenschaft in dem entsprechenden Modell durch elementarere Eigenschaften beschrieben, so werden hier jeweils nur die letzteren berücksichtigt. Andernfalls wird diese Eigenschaft sowohl beim Qualitäts- als auch beim Produktmodell aufgeführt.

Diese obigen Listen zeigen, daß bereits eine große Anzahl von Begriffen für Qualitätseigenschaften existiert.
Diese Vielfalt hat eine Reihe von Ursachen. Teilweise werden Begriffe wörtlich übersetzt, teilweise werden sie bei der Übersetzung eingedeutscht. Häufig werden auch ähnliche oder sinnverwandte Begriffe für eine dedizierte Qualitätseigenschaft verwendet.
Es ist zu beachten, daß die Anzahl der unterschiedlichen Qualitätseigenschaften natürlich geringer ist als die der verwendeten Begriffe. Da diese Begriffe verschiedenen Publikationen entnommen sind, sind entsprechende Überlappungen zu erwarten.

Es ist nicht das Ziel dieser Arbeit, zu dieser Liste weitere Qualitätseigenschaften hinzuzufügen. Stattdessen soll zur Herleitung des Qualitätsmodells soweit als möglich auf vorhandene Ansätze zurückgegriffen werden. Die oben aufgeführte Liste bildet somit die Ausgangsbasis für das in dieser Arbeit zu entwickelnde Modell. Die Beschreibung dieser Modellbildung ist Gegenstand des nächsten Abschnitts.

4.2 Konzeption des Qualitätsmodells

Aus der Vielzahl von Qualitätseigenschaften soll eine überschaubare Anzahl erarbeitet werden. Sie sollen sich leicht gegeneinander abgrenzen lassen und in ihrer Gesamtheit die Software-Qualität entsprechend der Zielsetzung vollständig beschreiben. Den Qualitätseigenschaften soll eine transparente Struktur aufgeprägt werden.

Qualitätseigenschaften lassen sich in zwei Kategorien einteilen. Diese Kategorisierung, die einen wesentlichen Beitrag zur Struktur des Qualitätsmodells liefert, orientiert sich an den verschiedenen Nutzergruppen. Zu der einen Klasse gehört der Personenkreis, der die Software während der Entwicklung und Wartung nutzt. Die andere Gruppe sind die Anwender, die die Software während des Betriebes benutzen.
Unter Nutzung von Software sind alle zielgerichteten (zweckbezogenen) Aktionen zu verstehen, die auf vorhandener Software durchgeführt werden. Die Aktionen lassen sich in zwei Kategorien einteilen: zum einen die Nutzung während der Entwicklung und Wartung, zum anderen die Anwendung durch den Endbenutzer während des Betriebs.
Entwicklung subsummiert alle Aktionen, die vor der Produktfertigstellung durchgeführt werden. Während der Entwicklung spricht man von Nutzung von dem Augenblick an, in dem eine erste Version eines Produkts existiert. Beispielsweise ist die Erstellung einer Spezifikation keine Nutzung; bei deren Prüfung oder Modifikation handelt es sich dagegen um eine Nutzung.

In vorhandenen Ansätzen besteht nicht die Sicht, daß Software auch von Entwicklungs- und Wartungsingenieuren genutzt wird. Oft wird der Nutzer mit dem Endbenutzer bzw. dem Auftraggeber gleichgesetzt (vgl. /Boehm et al. 78/). Nach /Boehm et al. 78/ interessieren den Auftraggeber, wie gut er Software benutzen kann, wie leicht er sie warten kann und ob er sie noch verwenden kann, wenn sich das Grundsystem ändert.
In der Regel ist es heute jedoch so, daß jemand Software kauft, um sie nur (während des Betriebs) zu benutzen. Die zusätzliche Qualität im Sinne von Wartbarkeit und Übertragbarkeit liegt dann im ökonomischen Interesse der Firma, die die Software verkauft.
Entsprechend der beiden Nutzergruppen, werden die Qualitätseigenschaften in die Kategorien
- Entwicklung und Wartung und
- Anwendung

unterteilt.

Die Qualitätseigenschaften der Kategorie "Entwicklung und Wartung" bestimmen, "wie gut" sich Software bei Entwicklung und Wartung nutzen läßt. Diese Nutzung setzt sich aus einer Reihe dedizierter Aktionen zusammen. Es erscheint daher sinnvoll, jeder relevanten Aktivität eine Qualitätseigenschaft zuzuordnen. Das Ziel jeder Qualitätseigenschaft ist die ökonomische Durchführung der zugehörigen Aktion. Eine unzureichende Ausprägung dieser Qualitätseigenschaften hat primär wirtschaftliche Nachteile für den Hersteller bzw. das Software-Haus. Hohe Wartungskosten sind beispielweise die Konsequenzen schlechter Wartbarkeit.

Die Qualitätseigenschaften der Kategorie "Anwendung" bestimmen, "wie gut" sich Software für die ihr zugedachten Aufgaben einsetzen läßt. Je nach Anwendungsgebiet können entsprechende Anwendungsziele wie geringer Einarbeitungsaufwand, Einsparung von Hardware-Ressourcen oder hohe Zuverlässigkeit eine Rolle spielen. Erfüllt die Software die geforderten Ziele nicht, so kann ein wirtschaftlicher Schaden für den

Anwender die Konsequenz sein. Im Falle einer unzureichenden Zuverlässigkeit ist ein solcher Schaden beispielsweise das Anhalten einer Produktionsstraße.

Bei der Modellbildung wird folgendermaßen vorgegangen:
Es werden eine Reihe von Qualitätseigenschaften aufgestellt, die die Kriterien Überschaubarkeit und Vollständigkeit erfüllen. Für jede postulierte Qualitätseigenschaft wird geprüft, ob und in welcher Situation sie nötig ist. Anschließend wird die Korrelation dieser Qualitätseigenschaft zur vorhandenen Literatur analysiert. Im Rahmen dieser Analyse wird ebenfalls geprüft, ob eine weitere Zerlegung der Qualitätseigenschaft sinnvoll ist. Alle für das Qualitätsmodell entwickelten Qualitätseigenschaften werden definiert und operationalisiert.

Die Abhandlung jeder postulierten Qualitäteigenschaft erfolgt nach folgendem Schema, in dem sich obige Vorgehensweise widerspiegelt:
- Begriffsklärung,
- Begründung der Notwendigkeit,
- Korrelation zu vorhandener Literatur,
- Struktur,
- Definition,
- Operationalisierung.

Zur Korrelation zu vorhandener Literatur
Ein Ziel dieser Arbeit ist die Integration des hier entwickelten Qualitätsmodells in die existierenden Ansätze. Es wird validiert, ob eine postulierte Qualitätseigenschaft durch vorhandene Ansätze bestätigt wird. Dazu werden ähnliche oder gleichbedeutete Qualitätseigenschaften aus der in Abschnitt 4.1 entwickelten Liste aufgeführt. Steht ein Begriff dieser Listen zu mehreren Qualitätseigenschaften in Korrelation, so wird jeweils die entsprechende Quelle angegeben.
Die Analyse dieser Korrelationen zeigt, ob die Software-Qualität durch die postulierten Qualitätseigenschaften voll-

ständig bzgl. des "state of the art" unter Berücksichtigung der genannten Zielsetzung beschrieben wird.
Desweiteren wird evaluiert, ob die Qualitätseigenschaft in existierenden Ansätzen in detailliertere Qualitätseigenschaften zerlegt wird.

Zur Struktur

Eventuelle Zerlegungen werden im weiteren diskutiert, wobei pro- und contra-Stellungnahmen gegeneinander abgewogen werden. Ist eine Verfeinerung der jeweiligen Qualitätseigenschaft erforderlich, dann erfolgt eine entsprechende Strukturierung.

Zur Definition

Um die Transparenz und die kognitive Erfaßbarkeit des Qualitätsmodells zu fördern, wird eine einheitliche Definition der Qualitätseigenschaften angestrebt.
Im folgenden werden die Begriffe "Software-Produkt" und "Software-System" unterschieden, da sie eine verschiedene Form der Software darstellen. Aktionen der Entwicklung und Wartung werden auf Dokumenten und dem Programm-Quellcode durchgeführt. Diese Form der Software wird als "Software-Produkt" bezeichnet. Der Terminus "Software-System" bezieht sich auf den ablauffähigen Programmcode.
Eine Qualitätseigenschaft der Kategorie "Entwicklung und Wartung" wird definiert als diejenige Eigenschaft, die bei einem Software-Produkt die Durchführung dedizierter Aktionen erleichtert. Eine solche Aktion ist beispielsweise eine Änderung (Änderbarkeit).
Eine Qualitätseigenschaft der Kategorie "Anwendung" wird definiert als diejenige Eigenschaft, die bei einem Software-System ein spezifisches Verhalten ermöglicht. Unter einem "spezifischen Verhalten" ist beispielsweise die Toleranz des Software-Systems gegenüber Fehlern zu verstehen (Fehlertoleranz).

Die Ausprägung der Qualitätseigenschaften wird mittels einer verbalen Rangskala /Weinreich o.J./ bestimmt. Beispielsweise können für Wartbarkeit die Ränge "gut", "mittel" und "schlecht" vergeben werden. Eine solche Festlegung entspricht der Situation in der industriellen Praxis; hier werden die Ausprägungen von Qualitätseigenschaften meistens subjektiv beurteilt.

Zur Operationalisierung

Soll die Ausprägung der Qualitätseigenschaften exakter, d.h. quantitativ, festgelegt werden, so benötigt man einen präziseren Bewertungsmaßstab.

Qualitätseigenschaften der Kategorie "Entwicklung und Wartung" werden bewertet durch das Komplement des Aufwandes, der für die Durchführung der entsprechenden Aktion anfällt. Die Ausprägung dieser Qualitätseigenschaften läßt sich dann mittels einer Verhältnisskala angeben, die eine präzise Bewertung ermöglicht.

Dabei ist jedoch zu beachten, daß der Aufwand außer durch die Produktkonstruktion auch durch die Mitarbeiterqualifikation und die verwendeten Werkzeuge bestimmt wird. Da es hier darum geht, die Qualität der Software-Produkte und nicht die Qualität der Mitarbeiter oder der eingesetzten Werkzeuge zu beurteilen, müssen derartige Faktoren konstant gehalten werden. Die Durchführung dieser Messungen ist nicht trivial und statistisch signifikante Daten sind nur in einer experimentellen Umgebung zu erhalten.

Außer dem Aufwand können auch die wirtschaftlichen Kriterien Zeit und Kosten herangezogen werden. Zeit-Maße für die Wartbarkeit finden sich beispielsweise bei /Gilb 79, S. 85 ff./.

Eine ähnliche Situation wie bei der Kategorie "Entwicklung und Wartung" liegt bei den Qualitätseigenschaften der Kategorie "Anwendung" vor. Als Beispiel sei hier die Korrektheit angeführt. Die Folgekosten, die eine unzureichende Korrektheit verursachen kann, sind stark von der jeweiligen Anwendung abhängig. So verursachte das Verwechseln eines Kommas mit einem Punkt im einem FORTRAN-Programm zur Steuerung der

Venussonde Mariner I Kosten in Höhe von 18,5 Millionen Dollar /Balzert 82/. Der gleiche Fehler würde in einem einfachen Auswertungsprogramm (in geringen Installationszahlen) zu wesentlich geringeren Kosten führen. Der wirtschaftliche Schaden für den Anwender stellt daher kein geeignetes Bewertungskriterium dar.
Einen objektiven Bewertungsmaßstab ermöglicht dagegen die Anzahl der in der Software enthaltenen Fehler. Die Ermittlung der Fehleranzahl erfordert jedoch aufwendige Verfahren (/Gilb 76/ nennt das "error seeding"), die zudem keine exakten Ergebnisse liefern.

Wegen der beschriebenen Schwierigkeiten bei der Evaluierung der präzisen Ausprägung von Qualitätseigenschaften wird man sich in der industriellen Praxis vermutlich für die nahe Zukunft mit dem oben genannten qualitativen Bewertungsmaßstab begnügen.

Zur Vertiefung des Verständnisses (Was bedeutet gute Wartbarkeit ?) und zur Ermittlung der Zusammenhänge zwischen Qualitäts- und Produktmodell ist es jedoch sinnvoll, die Kriterien zu kennen, die die Ausprägung der Qualitätseigenschaften beeinflussen.
Da objektive Kriterien fehlen, sind die im Rahmen der Operationalisierung aufgeführten Kriterien subjektiver Natur. Sie beruhen auf den Erfahrungen des Autors dieser Arbeit und sind als Beispiel anzusehen. Ebenso können folglich auch andere Kriterien angegeben werden. Die hier praktizierte Methode der Operationalisierung ist jedoch allgemeingültig und gilt unabhängig von den jeweiligen Kriterien.
Für die Operationalisierung einer Qualitätseigenschaft der Kategorie "Entwicklung und Wartung" bietet es sich an, die entsprechende Aktion in eine Reihe detaillierterer Aktivitäten zu zerlegen. Die Detaillierung soll soweit wie möglich erfolgen, ohne dabei auf konkrete Methoden, Sprachen, Werkzeuge und Eigenschaften der Produktkonstruktion einzugehen, um die Allgemeingültigkeit des Qualitätsmodells sicherzustellen.

Zur Veranschaulichung des Gesagten soll folgendes Beispiel dienen. Die betrachtete Nutzungsaktion sei die Prüfung eines Programms. Die zugehörige Qualitätseigenschaft werde mit "Prüfbarkeit" bezeichnet. Ihre Ausprägung bestimmt den Prüfungsaufwand in Mannstunden. Die Prüfung läßt sich in die Teilaktivitäten Vorbereitung, Durchführung und Auswertung zerlegen.
Für die Qualitätseigenschaften der Kategorie "Anwendung" kann kein allgemeines Kriterium angegeben werden. Es sei daher an dieser Stelle auf die Operationalisierung dieser Qualitätseigenschaften in Abschnitt 4.4 verwiesen.

Gegenstand der nächsten beiden Abschnitte 4.3 und 4.4 ist die konkrete Herleitung des hier beschriebenen Qualitätsmodells.

4.3 Qualitätseigenschaften der Kategorie "Entwicklung und Wartung"

Die Nutzung eines Software-Produkts durch Entwicklungs- und Wartungsingenieure läßt sich in drei Haupt-Aufgaben unterteilen:

1. Einarbeitung in das Produkt,
2. Modifikation des Produkts,
3. Überprüfung des Produkts.

Entsprechend der Definition von "Nutzung" wird die Neuerstellung nicht berücksichtigt.

Die Produkt-Modifikation kann wiederum in Teil-Aufgaben untergliedert werden, indem man die unterschiedlichen Ursachen einer Modifikation betrachtet:

a) Anpassung an neue/ geänderte Benutzerwünsche bzw. an veränderte organisatorische Umwelt.
b) Anpassung an ein anderes Grundsystem.
c) Modifikation, um Fehler zu korrigieren.
d) Modifikation, um ein Produkt mit einem gleichrangigen zu verbinden.

e) Modifikation, um Produkt-Teile in ein anderes Software-Produkt zu integrieren.

Alle aufgeführten Aufgaben können prinzipiell sowohl während der Entwicklung als auch während der Wartung anfallen.

Für jede der genannten Aufgaben wird eine Qualitätseigenschaft postuliert:

1. Verständlichkeit
2a. Änderbarkeit
2b. Portabilität
2c. Reparierbarkeit
2d. Kopplungsfähigkeit
2e. Wiederverwendbarkeit
3. Prüfbarkeit

Jede dieser Qualitätseigenschaften wird im folgenden näher betrachtet.

4.3.1 Verständlichkeit

Begriffsklärung:
Die Verständlichkeit ist eine Qualitätseigenschaft, deren Ausprägung den Aufwand bestimmt, den ein (menschlicher) Leser benötigt, um ein Software-Produkt zu verstehen. Unter dem "Leser" sei ein Sachverständiger zu verstehen, der sowohl die Fachproblematik als auch die verwendete Beschreibungssystematik (Methoden, Programmiersprachen etc.) kennt und beherrscht.

Begründung der Notwendigkeit:
Die Verständlichkeit ist von zentraler Bedeutung, da sie die Voraussetzung für viele Tätigkeiten, wie Ändern, Prüfen etc. ist. Bei einer Portierung entscheidet die Verständlichkeit eines Produkts oft, ob das Produkt in dem in Abschnitt 4.3.3 erläuterten Sinne portiert wird oder ob es für ein anderes Grundsystem vollständig neu erstellt wird.

Besonders wichtig ist Verständlichkeit für die Wartung, da in der Regel Wartungsaufgaben nicht vom Entwicklungsteam durchgeführt werden.

Verständlichkeit ist insbesondere dann besonders wichtig, wenn eine andere Person als der Autor ein Produkt lesen und verstehen soll (z.B. bei der Einarbeitung in ein Produkt). Nur so ist bei einem Personalwechsel die wirtschaftliche Software-Entwicklung und -Wartung sichergestellt.

Korrelation zu vorhandener Literatur:
Korrelierende Qualitätseigenschaften sind:

Lesbarkeit
Transparenz
Verständlichkeit
----
legibility
simplicity /McCall, Matsumoto 80/
understandability

Definition: Verständlichkeit
Verständlichkeit ist diejenige Eigenschaft, die es einem Menschen (Leser) erleichtert, ein Software-Produkt inhaltlich zu erfassen und aufzunehmen.

Operationalisierung: Verständlichkeit
"Verstehen" ist ein hochgradig intellektueller Prozeß. /Warren 82/ und /Magel 82, S.40/ beschreiben die einzelnen Aufgaben, in die sich die Aktion "Verstehen eines Programms" zerlegen läßt.
Beim "Verstehen" sind zwei prinzipielle Vorgehensweisen möglich, die in der Regel kombiniert eingesetzt werden, obwohl die eine oder andere dabei im Vordergrund stehen kann: zum einen sequentielles Durchlesen des Produktes, zum anderen Antwort auf gezielte Fragen suchen (ohne auf Zusammenhänge einzugehen) durch Lokalisierung von interessierenden Komponenten.
Der Aufwand für das Verstehen eines Produkts wird relativiert durch den Verständnisgrad des Lesers (z.B. meßbar durch die Anzahl richtig beantworteter Testfragen im Verhältnis zur Anzahl aller Testfragen).

4.3.2 Änderbarkeit

Begriffsklärung:

Unter Änderbarkeit ist eine Qualitätseigenschaft zu verstehen, deren Ausprägung den Aufwand bei der Änderung eines Software-Produkts bestimmt.

Dabei müssen sich Änderungen auf neue/veränderte Auftraggeberwünsche und/oder auf eine Veränderung der organisatorischen Umwelt zurückführen lassen. Änderungen können sowohl funktionale Anforderungen als auch Leistungsanforderungen betreffen.

Sie dürfen weder aus einem Hardware- oder Systemsoftwarewechsel, einem fehlerhaften Verhalten des Produkts noch aus einer Verbindung des Produkts mit einem anderen Produkt resultieren (Abgrenzung gegen Portabilität, Reparierbarkeit und Kopplungsfähigkeit).

Begründung der Notwendigkeit:

"Law of Continuing Change: A system that is used undergoes continuing change until it is judged more cost effective to freeze and recreate it" /Bergland, Gordon 82, S.24/.

Software-Produkte müssen eine relativ lange Lebensdauer haben, damit ihre Wirtschaftlichkeit gewährleistet ist. Naturgemäß ändern sich während dieser Zeit die organisatorische Umwelt (z.B. neue Gesetze) und die Benutzerwünsche. /Martin, McClure 83/ berichten über eine Studie, in der ermittelt wurde, daß 50 % aller Wartungsaufgaben Änderungen sind.

Nicht nur während der Wartung, sondern auch während der Entwicklung eines Produkts ist Änderbarkeit von Bedeutung, vor allem dann, wenn der Entwicklungszeitraum groß oder der Innovationsgrad des Produkts hoch ist.

Die Änderbarkeit übt folglich einen starken Einfluß sowohl auf die Entwicklungs- als auch auf die Wartungskosten aus.

Korrelation zu vorhandener Literatur:

Korrelierende Qualitätseigenschaften sind:

Adaptabilität
Änderbarkeit
Anpaßbarkeit
Flexibilität
Pflegbarkeit
Wartbarkeit /Werner 81/
Weiterentwickelbarkeit
----
adaptability /Myers 76/
augmentability
expandability
flexibility
flexibility (open-ended)
modifiability
maintainablity /Boehm et al. 78/ /Enos, Van Tilburg 81/

Eine Differenzierung der Qualitätseigenschaft Änderbarkeit bzgl. Ändern vorhandener Funktionen und Hinzufügen neuer / Entfernen vorhandener Funktionen ist wegen der mangelnden Präzisierung des Begriffs "Funktion" nicht sinnvoll.

Definition: Änderbarkeit

Änderbarkeit ist diejenige Eigenschaft, die bei einem Software-Produkt die Lokalisierung und Durchführung von Änderungen erleichtert, wenn die Art der gewünschten Änderung festliegt.

Änderungen des Produkts sind bedingt durch Veränderung der Benutzer- bzw. Auftraggeberwünsche und/oder der organisatorischen Umwelt.

Operationalisierung: Änderbarkeit

Lokalisierung und Durchführung von Änderungen lassen sich in folgende Teilaktivitäten untergliedern:

1. Lokalisieren der zu ändernden Komponente
2. Durchführung der Änderung
    2.1 Auswirkungen der Änderung auf das restliche Produkt analysieren
    2.2 Informationen hinzufügen, entfernen oder modifizieren

Der Aufwand für eine Änderung wird beeinflußt durch
- den Aufwand für obige Teilaktivitäten,
- die Anzahl der betroffenen Komponenten im Produkt.

Die Teilaktivität 2.1 ist von besonderer Bedeutung für eine gute Änderbarkeit. Oft werden große Anstrengungen unternommen, um die Lokalisierung von Änderungen zu optimieren, während deren Durchführung globale, nicht durchschaubare Nebeneffekte hat, die erst während des Betriebs sichtbar werden /Martin, McClure 83, S. 8/.

4.3.3 Portabilität

Begriffsklärung:

Die Ausprägung der Portabilität bestimmt den Aufwand bei der Anpassung eines Software-Produkts an eine andere Hardware- und/oder Systemsoftwareumgebung.

Ausdrücklich ausgeklammert sei die Anpassung an gleichrangige Software (Abgrenzung gegen Kopplungsfähigkeit).

Unter Systemsoftware ist nicht nur das Betriebssystem, sondern sind alle Arten von Basissoftware wie Datenbanken, Information Retrieval Systeme und Window-Systeme zu verstehen, die das Software-Produkt als Dienstleistung in Anspruch nimmt.

Bei der Portierung bzw. Übertragung darf weder der funktionale Umfang noch die Qualität des Produkts beeinträchigt werden (siehe /Hommel 80/).

Unter einer Anpassung an eine andere Hardware-Umgebung ist eine Übertragung auf einen anderen Rechner oder eine andere Konfiguration desselben Rechners zu verstehen.

Zur Anpassung an eine andere Systemsoftware-Umgebung gehören beispielsweise die Übertragung auf ein anderes Betriebssystem desselben Rechners oder die Übertragung auf eine andere Datenbank desselben Rechners.

Begründung der Notwendigkeit:
Da die Erstellung von Software mit hohen Kosten verbunden ist, muß sie eine hohe Nutzungsdauer haben, um rentabel zu sein. Viele große MIS (Management Information Systems) haben oft eine Lebensdauer von 10 Jahren /McCall, Matsumoto 80/. Der rapide technologische Fortschritt auf dem Hardware-Sektor (insbesondere im Mikroprozessor-Bereich) macht einen Hardware-Wechsel fast unumgänglich.
Neben der Nutzungsdauer ist für die Rentabilität eine große Installationsrate auf verschiedenen Rechnern und Betriebssystemen erforderlich.
Portabilität ist in der Wartungsphase wichtig, da wegen der hohen Nutzungsdauer ein Übergang auf eine oder mehrere neue Umgebungen sehr wahrscheinlich ist. Sie spielt aber auch während der Produktentwicklung eine Rolle, wenn z.B. ein Systemwechsel bevorsteht oder mittelfristig geplant ist, oder wenn Software a priori für verschiedene Umgebungen konstruiert wird. Letzteres ist besonders bei Standard-Software der Fall, die für verschiedene Hardware-Typen entwickelt wird , um einen breiten Absatz zu ermöglichen.

Korrelation zu vorhandener Literatur:
Korrelierende Qualitätseigenschaften sind:

Portabilität
Übertragbarkeit
Übertragungsfreundlichkeit
----
adaptability /Enos, Van Tilburg 81/
compatibility
device-independence
machine independence
portability
software system independence

Diese Qualitätseigenschaften lassen sich einer der folgenden Klassen zuordnen:

1. Ausprägung der Qualitätseigenschaft bestimmt den Aufwand für die Anpassung eines Produkts an eine andere Hardware-Umgebung.
2. Ausprägung der Qualitätseigenschaft bestimmt den Aufwand für die Anpassung eines Produkts an eine andere System-

software-Umgebung.

3. Ausprägung der Qualitätseigenschaft bestimmt den Aufwand für die Anpassung eines Produkts an eine andere Hardware- und Systemsoftware-Umgebung.

Struktur:
Diese Differenzierung soll auch in das entwickelte Qualitätsmodell übernommen werden. Damit ergibt sich folgende Strukturierung.

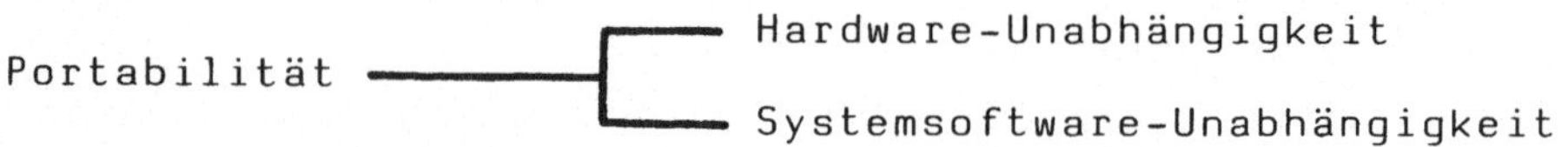

Definition: Portabilität
Portabilität ist diejenige Eigenschaft, die die Anpassung eines Software-Produkts an eine andere Hardware- und Systemsoftware-Umgebung erleichtert.

Operationalisierung: Portabilität
Im Rahmen einer Übertragung sind folgende Teilaktivitäten durchzuführen:

1. Lokalisieren der anzupassenden Komponenten
Geht man von der Voraussetzung aus, daß der funktionale Umfang unverändert bleibt, so bilden die betroffenen Komponenten eine Untermenge aller umgebungsabhängigen Komponenten.
   1.1 Lokalisieren der hardware- und systemsoftwareabhängigen Komponenten
   1.2 Lokalisieren der betroffenen Komponenten
2. Anpassen der Komponenten an die neue Umgebung
   2.1 Isolieren der betroffenen Komponenten aus dem Produkt
   2.2 Erstellen neuer Komponenten
   2.3 Integrieren der neuen Komponenten in das Produkt

Die Portabilität wird beeinflußt durch
- den Aufwand für diese Teilaktivitäten,
- die Anzahl der betroffenen Komponenten.

Bemerkungen:
Unter einer Komponente ist ein Kapitel, ein Modul, eine Konstruktion in der Programmiersprache etc. zu verstehen.
Eine hardwareabhängige Komponente ist z.B. eine Sprachkonstruktion, bei der die Wortgröße der Hardware ausgenutzt wird.
Unter einer systemsoftwareabhängigen Komponente ist z.B. eine Betriebssystemschnittstelle zu verstehen.
Jede hardware- oder systemsoftwareabhängige Komponente ist eine potentiell betroffene Komponente. Die Zielumgebung entscheidet, ob dies auch der Fall ist. Besitzt beispielsweise die Zielumgebung die gleiche Abweichung von Sprachstandard wie die ursprüngliche Umgebung, so liegt zwar eine systemsoftwareabhängige aber keine betroffene Komponente vor.

Definition: Hardware-Unabhängigkeit
Hardware-Unabhängigkeit ist diejenige Eigenschaft, die die Anpassung eines Software-Produkts an eine andere Hardware-Umgebung erleichtert.

Definition: Systemsoftware-Unabhängigkeit
Systemsoftware-Unabhängigkeit ist diejenige Eigenschaft, die die Anpassung eines Software-Produkts an eine andere Systemsoftware-Umgebung erleichtert.

Für die Operationalisierung dieser Qualitätseigenschaften gilt das unter "Portabilität" Gesagte.

4.3.4 Reparierbarkeit

Begriffsklärung:

Reparierbarkeit ist eine Qualitätseigenschaft, deren Ausprägung den Aufwand für Fehlerlokalisierung und -behebung beeinflußt.

Unter einem Fehler ist in diesem Zusammenhang eine Fehlerursache und nicht das Fehlersymptom zu verstehen.

Ein Fehler wird definiert als eine Abweichung von den Anforderungen des Auftraggebers.

Begründung der Notwendigkeit:

Es dürfte wohl kein größeres Produkt geben, das keine Fehler enthält.

Reparierbarkeit ist daher eine notwendige Forderung für alle Produkte, die nicht zum Selbstzweck entwickelt werden.

Korrelation zu vorhandener Literatur:

Korrelierende Qualitätseigenschaften sind:

Änderbarkeit /Pocsay, Rombach 84/
Flexibilität /Zimmermann 78/
Reparierbarkeit
Wartbarkeit
Wartungsfreundlichkeit
----
error correction probability
error detection probability
maintainability
modifiability
repairability

Die aufgeführten Begriffe beziehen sich ausschließlich auf die Wartungsphase. Teilweise umfassen sie alle Aufgaben, die in dieser Phase anfallen /Boehm et al. 78/, /Enos, Van Tilburg 81/. Fehlerlokalisierung und -behebung sind jedoch auch während der Entwicklung im Anschluß an die Produktprüfung von Bedeutung.

Einige Qualitätseigenschaften umfassen sowohl Änderbarkeit als auch Reparierbarkeit. Eine Trennung - wie sie in diesem Modell vorgenommen ist - erscheint aber aus folgenden Gründen sinnvoll: Zum einen können sie für die Nutzung von unterschiedlicher Bedeutung sein; zum anderen werden sie durch unterschiedliche Konstruktionsvorschriften beeinflußt (vgl. Abschnitt 6.4).

Definition: Reparierbarkeit
Reparierbarkeit ist diejenige Eigenschaft, die bei den einem Software-Produkt die Lokalisierung und Behebung von Fehlerursachen erleichtert, wenn das Fehlersymptom bekannt ist.

Operationalisierung: Reparierbarkeit
Die Aufgaben "Fehlerlokalisierung und -behebung" umfassen die folgenden Teilaktivitäten:

1. Lokalisieren des Fehlers
   1.1 Reproduzieren des Fehlersymptoms
   1.2 Lokalisieren der Fehlerursache
2. Beheben des Fehlers
   2.1 Analysieren der Auswirkungen der Fehlerbehebung auf andere Produktkomponenten
   2.2 Korrektur

Der Gesamtaufwand wird beeinflußt durch
- den Aufwand für die Teilaktivitäten,
- die Anzahl der fehlerhaften Stellen im Produkt.

4.3.5 Kopplungsfähigkeit

Begriffsklärung:
Die Kopplungsfähigkeit ist eine Qualitätseigenschaft, deren Ausprägung beeinflußt, wie leicht sich zwei Produkte miteinander verbinden lassen.
Als Verbindungsschnittstellen zwischen zwei Produkten sollen Dateien, Datenbanken, DFÜ-Schnittstellen und Progammaufruf-Schnittstellen verstanden werden.
Kopplungsfähigkeit bezieht sich nur auf die Verbindung von gleichrangiger Software, nicht auf die Verbindung von Anwendersoftware mit Systemsoftware (Abgrenzung zu Portabilität).

Ebenso bezieht sie sich nur auf die Verbindung von vollständigen Software-Produkten, nicht auf die Integration einer Produkt-Komponente in ein anderes Produkt (Abgrenzung zu Wiederverwendbarkeit).

Begründung der Notwendigkeit:
Anwendersoftware wird zunehmend schrittweise eingeführt (als Insellösungen). Später ist dann die Integration dieser Insellösungen notwendig. Das gilt insbesondere für den Bürobereich. Wird beispielsweise ein Kalkulationsprogramm und später ein Textprogramm eingeführt, dann ist es sinnvoll, über das Textprogramm Kalkulationsdaten abrufen zu können.
Ein weiterer Grund ist die Anpassung der Produkte an eine andere Datenorganisation, z.B. um eine Integration mit vom Anwender selbst erstellten Produkten zu ermöglichen /Zimmermann 83/.

Korrelation zu vorhandener Literatur:
Korrelierende Qualitätseigenschaft ist:
interoperability

Definition: Kopplungsfähigkeit
Kopplungsfähigkeit ist diejenige Eigenschaft, die die Verbindung eines Software-Produkts mit anderen gleichrangigen Software-Produkten erleichtert.

Operationalisierung: Kopplungsfähigkeit
Die Kopplung eines Produkts mit einem anderen besteht aus folgenden Teilaktivitäten:
1. Lokalisierung der betroffenen Produkt-Schnittstellen
2. Anpassen dieser Schnittstellen an neue Anforderungen
3. Auswirkungen auf das restliche Produkt beachten

Der Aufwand für die Produkt-Kopplung ergibt sich aus
- dem Aufwand für diese Teilaktivitäten sowie
- der Anzahl der Schnittstellen.

4.3.6 Wiederverwendbarkeit

Begriffsklärung:
Die Ausprägung dieser Qualitätseigenschaft beeinflußt den Aufwand, der für die Wiederverwendung vorhandener Software-Komponenten bei der Entwicklung neuer Software-Produkte anfällt.
Es soll gelten, daß die Entwicklung neuer Produkte unter Beibehaltung der jeweiligen Software- und Hardwareumgebung erfolgt (Abgrenzung zur Portabilität).
Die Wiederverwendung von Software-Komponenten kann im günstigsten Fall ohne Modifikation möglich sein. Ebenso können jedoch auch geringfügige Modifikationen notwendig sein.

Begründung der Notwendigkeit:
Angesichts der ständig steigenden Software-Kosten erscheint es sinnvoll auf bereits vorhandene Produkte zurückzugreifen. Diese Idee ist nicht neu, wie die bereits existierenden Unterprogrammbibliotheken zeigen.
Ebenso ist es bei einigen Anwendungen sinnvoll, frühzeitig einen Prototyp zu entwickeln (rapid prototyping), der durch Integration vorhandener Komponenten konstruiert werden kann.

Korrelation zu vorhandener Literatur:
Korrelierende Qualitätseigenschaften sind:

Allgemeingültigkeit
Universalität
----
flexibility (built-in)
generality
reusability

"reusability" ist definiert als der Grad, in dem Produktkomponenten bei der Entwicklung neuer Software-Produkte wiederverwendet werden können. Die anderen Qualitätseigenschaften beschreiben die Allgemeingültigkeit eines Software-Produkts.

Im Rahmen der Wiederverwendbarkeit gilt es zu differenzieren zwischen der spezifischen Eignung eines Produkts und dem Aufwand für die Integration einer Komponente in das neue Produkt. Die oben genannten Qualitätseigenschaften beziehen sich auf die spezifische Eignung. Diese Eigenschaft wird jedoch vorwiegend von der jeweiligen Anwendung und nicht von der Produktkonstruktion geprägt. Daher berücksichtigt in dem vorliegenden Modell die Wiederverwendbarkeit den Integrationsaufwand.

Definition: Wiederverwendbarkeit
Wiederverwendbarkeit ist diejenige Eigenschaft, die die Integration von Komponenten eines Software-Produkts in andere Software-Produkte erleichtert.

Operationalisierung: Wiederverwendbarkeit
Beim Wiederverwenden von Produktkomponenten führt der Software-Entwickler folgende Aufgaben durch:

1. Suche nach einer geeigneten Produktkomponente
2. Funktions- und Leistungsumfang der Komponente feststellen
3. Komponente aus dem vorhandenen Produkt isolieren
4. Komponente in das neue Software-Produkt integrieren
5. Evtl. geringfügige Modifikation der Komponente

Der Aufwand wird somit beeinflußt durch
- den Aufwand für die Teilaktivitäten,
- Anzahl der Komponenten.

Die Wirtschaftlichkeit der Mehrfachverwendung wird stets durch einen Vergleich mit dem notwendigen Aufwand für eine "normale" Produktentwicklung bestimmt.

4.3.7 Prüfbarkeit

Begriffsklärung:

Die Prüfbarkeit ist eine Qualitätseigenschaft, deren Ausprägung den Aufwand von Prüfungen bestimmt, die auf einem Produkt durchzuführen sind. Ziel der Prüfung ist der Nachweis, daß ein Produkt eine vorgegebene Qualität besitzt.
Unter einer Prüfung sind die manuelle Produktprüfung (Inspektion, review, walkthrough, Autor-Kritiker-Zyklus) und die Prüfung durch Ausführung des Software-Systems (Programmtest) zu verstehen.
Prüfverfahren, wie Verifikation oder Symbolisches Testen, werden hier nicht berücksichtigt, da sie in die Praxis bisher kaum Eingang gefunden haben. Ebenso findet die Simulation hier keine Berücksichtigung, da sie eine bestimmte Form der Spezifikation, z.B. RSL, voraussetzt.

Begründung der Notwendigkeit:

Prüfbarkeit ist eine wichtige Voraussetzung für die Sicherung aller geforderten Qualitätseigenschaften. Da die Testkosten mehr als 50% der Entwicklungskosten umfassen, muß allein aus ökonomischen Gründen eine möglichst hohe Prüfbarkeit angestrebt werden.
In der klassischen Datenverarbeitung werden Programme oft erst durch den Benutzer während der Einführungsphase "getestet"; in anderen Bereichen, z.B. Prozeßsteuerung oder Massenanwendungen (softwaregesteuerte Intervallbremse in Kraftfahrzeugen) muß durch einen umfassenden Test weitgehend Korrektheit garantiert werden /Mußtopf, Winter 82/. Im Sinne einer ökonomischen Produktentwicklung ist in diesen Bereichen auf eine hohe Prüfbarkeit Wert zu legen.
Der exponentielle Kostenanstieg einer verzögerten Fehlerentdeckung /Boehm 76/ zeigt deutlich die Bedeutung von Überprüfungen - und damit der Prüfbarkeit - in den frühen Entwicklungsphasen. Um eine kostengünstige Software-Entwicklung sicherzustellen, muß daher besonders auf die Prüfbarkeit dieser Produktdokumente Wert gelegt werden.

Korrelation zu vorhandener Literatur:

Korrelierende Qualitätseigenschaften sind:

Nachprüfbarkeit
Prüfbarkeit
Testbarkeit
Überprüfbarkeit
----
instrumentation
testability

Die meisten dieser Qualitätseigenschaften beziehen sich auf den Programmtest. Die Ursache liegt wohl darin, daß sich die Qualitätsbetrachtungen auf die Programme beschränken (vgl. Kap.2).

Im Einklang mit der spezifizierten Zielsetzung wird für das Qualitätsmodell diese Qualitätseigenschaft umfassender definiert.

Definition: Prüfbarkeit

Prüfbarkeit ist diejenige Eigenschaft, die die Prüfung eines Software-Produkts erleichtert.

Eine Prüfung umfaßt Vorbereitung, Durchführung und Auswertung. Das Ziel der Prüfung ist es, den Nachweis zu erbringen, daß das Produkt vorgegebenen Anforderungen genügt.

Operationalisierung: Prüfbarkeit

Die Aufgabe der Prüfung läßt sich nicht generell durch Angabe der Teilaktivitäten definieren. Vielmehr muß jede Art der Prüfung gesondert betrachtet werden.

Stellvertretend für die verschiedenen Testarten sollen hier die Teilaktivitäten für den Black Box Test aufgezählt werden. Bei einigen der im folgenden genannten Teilaktivitäten kann die Aufwandsmessung durch Quantifizierung der entsprechenden Objekte erfolgen. Diese Angaben befinden sich in Klammern nach der zugehörigen Aktivität.

1. Ermitteln der Testfälle bzw. Testdaten (Anzahl der Testfälle bzw. Testdaten)
2. Vorbedingung ermitteln
3. Simulieren von Stubs und Treibern (Anzahl simulierter Stubs und Treiber)
4. Modul aus seiner "normalen" Umgebung isolieren
5. Modul mit den zugehörigen Testdaten ausführen (Anzahl Testdaten pro Modul)
6. Korrektheit der Ergebnisse durch Soll-Ist-Vergleich prüfen
7. Wiederholung des Tests nach einer Fehlerkorrektur

Einflußgrößen für die Bewertung der Prüfbarkeit sind
- der Aufwand für obige Teilaktivitäten,
- die Anzahl der gefundenen Fehler im Verhältnis zur Anzahl aller Fehler.

Zur Bestimmung des letztgenannten Faktors gibt /Gilb 76/ eine Methode an, um die Anzahl aller im Produkt enthaltenen Fehler hochzurechnen. Ein anderes Maß zur Beurteilung der Gründlichkeit eines Test ist die erreichte Testüberdeckung (z.B. C1-Überdeckung).

4.4 Qualitätseigenschaften der Kategorie "Anwendung"

Damit ein Software-System die ihm zugedachten Aufgaben während des Betriebs zufriedenstellend erfüllen kann, muß es neben den anwendungsspezifischen Funktionen in der Regel noch eine Reihe von Qualitätseigenschaften besitzen.

Dazu zählen:

1. Effizienz
2. Zugriffsschutz
3. Korrektheit
4. Fehlertoleranz
5. Restartfähigkeit

Jede dieser Qualitätseigenschaften wird im folgenden näher betrachtet.

4.4.1 Effizienz

Begriffsklärung:
Die Effizienz ist eine Qualitätseigenschaft, deren Ausprägung den Verbrauch von Betriebsmitteln (Speicher etc.) bestimmt.

Begründung der Notwendigkeit:
Effizienz wurde lange Zeit überbetont - ein Überbleibsel aus den Entwurfszielen der 50er Jahre /DeMarco 79, S.301/. Ursache waren die früher sehr hohen Kosten, die für die Beschaffung einer leistungsfähigen Hardware aufzubringen waren (85 % Hardware-Kosten gegenüber 15 % Software-Kosten).
Mit der Umkehrung dieses Kosten-Quotienten sank auch die Bedeutung der Effizienz. Ein Ausbau der Hardware ist heute oft kostengünstiger als das Tuning der Software /Martin, McClure 83, S. 68/.
Bedingt durch die Zunahme der Mikrocomputer nimmt die Bedeutung der Effizienz zur Zeit wieder zu. Obwohl bei diesen Rechnern i.allg. sehr begrenzter Arbeitsspeicher und externer Speicher zur Verfügung stehen, werden aus Marketing-

Gründen oft relativ komplexe Anwendungsprogramme dafür realisiert.

Korrelation zu vorhandener Literatur:

Korrelierende Qualitätseigenschaften sind:

Effizienz
Effizienz (Arbeitsspeicher)
Effizienz (Laufzeit)
Laufzeit
Laufzeiteffizienz
Speicherbedarf
Speichereffizienz
Verbrauchsverhalten
Wirkungsgrad
Zeitverhalten
----
device efficiency
efficiency
execution efficiency
storage efficiency

Diese Qualitätseigenschaften orientieren sich an der folgenden Strukturierung des Begriffs "Ressourcen".

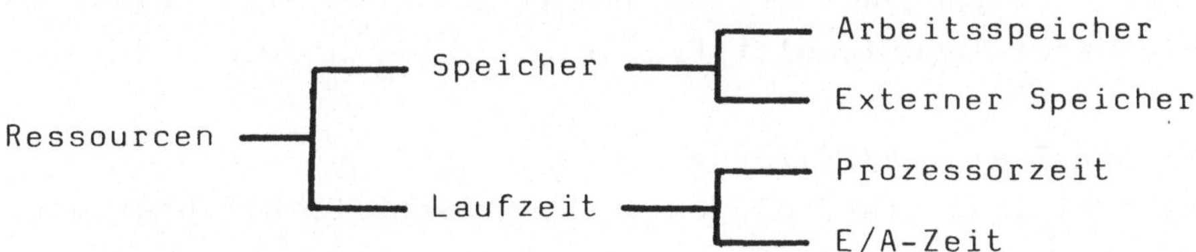

Es erscheint sinnvoll, diese Klassifikation zu übernehmen, d.h. die Qualitätseigenschaften Effizienz, Speichereffizienz, Laufzeiteffizienz in das Qualitätsmodell zu integrieren.

Struktur:

Die Effizienz wird folgendermaßen strukturiert.

Bei Bedarf ist eine weitere Strukturierung entsprechend den verschiedenen Ressourcen möglich.

Definition: Effizienz

Effizienz ist diejenige Eigenschaft, die bestimmt, inwieweit ein Software-System seine Aufgaben ohne unnötigen Verbrauch von Ressourcen erfüllt.

Operationalisierung: Effizienz

Die Effizienz wird bestimmt durch
- zusätzliche Zeitressourcen (Meßeinheit z.B. Sekunden),
- zusätzliche Speicherressorcen (Meßeinheit z.B. Byte).

"Unnötiger Verbrauch von Ressourcen" bildet die Differenz zwischen den benötigten Ressourcen und den für die gegebene Aufgabe notwendigen Minimal-Ressourcen.
Da die Minimal-Ressourcen i. allg. nicht bekannt sind, beruht die Angabe des Ausprägungsgrades der Effizienz vor allem auf Erfahrungswerten und auf Vergleichen mit Produkten vergleichbarer Funktionalität.

Definition: Speichereffizienz

Speichereffizienz ist diejenige Eigenschaft, die bestimmt, inwieweit ein Software-System seine Aufgaben ohne unnötigen Verbrauch von Speicher-Ressourcen erfüllt.

Definition: Laufzeiteffizienz

Laufzeiteffizienz ist diejenige Eigenschaft, die bestimmt, inwieweit ein Software-System seine Aufgaben ohne unnötigen Verbrauch von Laufzeit-Ressourcen erfüllt.

Die Operationalisierung beider Qualitätseigenschaften erfolgt analog zur "Effizienz".

4.4.2 Zugriffsschutz

Begriffsklärung:

Unter Zugriffsschutz ist die Sicherung gegen unerwünschte Verfälschung, Zerstörung, Unterbrechung und Datenpreisgabe zu verstehen /Kraus, Nagel 77/.
Zugriffsschutz ist in erster Linie eine organisatorische Aufgabe. Sie kann nur in begrenztem Umfang durch entsprechende Software unterstützt werden. /Kraus,Nagel 77/ enthält eine umfangreiche Liste organisatorischer Maßnahmen, die zur Erreichung des Zugriffsschutzes notwendig sind.

Begründung der Notwendigkeit:

Die Folgekosten unerlaubter Zugriffe können je nach Anwendung ungewöhnlich hoch sein (z.B. bei vorzeitiger Publikation von Produktionsgeheimnissen). Andere schutzwürdige Daten sind z.B. Forschungs-, Planungs-, militärische oder personenbezogene (Bundesdatenschutzgesetz) Daten.
Der "Wert" der gespeicherten Daten bestimmt somit die Notwendigkeit des Zugriffsschutzes.
Ein Problem bei der Festlegung der Anforderungen an den Zugriffsschutz ist, daß das Kostenrisiko im Falle eines nichtautorisierten Zugriffs schwer abzuschätzen ist.
In den letzten Jahren nahm die Bedeutung des Zugriffschutzes durch Software-Systeme zu. Gründe hierfür liegen in der zunehmenden Beliebtheit der Mikrorechner und deren Kommunikation untereinander über lokale und öffentliche Netze. Demgegenüber können in abgeschlossenen Rechenzentren viele Schutzmaßnahmen organisatorisch gelöst werden.

Korrelation zu vorhandener Literatur:

Korrelierende Qualitätseigenschaften sind:

Sicherheit /Stetter 81/
----
access audit
access control
accessibility
integrity
security /Myers 76/

Beim Zugriffsschutz wird teilweise differenziert in aktiven Zugriffsschutz bzw. Zugriffskontrolle (access control) und passiven Zugriffsschutz bzw. Zugriffsprotokollierung (access audit).
Da der Unterschied jedoch nur in den verwendeten Konzepten und nicht in unterschiedlichen Zielsetzungen besteht, soll hier keine Differenzierung vorgenommen werden.

Definition: Zugriffsschutz
Zugriffsschutz ist diejenige Eigenschaft, die bestimmt, inwieweit nicht autorisierte Personen auf ein Software-System unbemerkt zugreifen können.

Operationalisierung: Zugriffsschutz
Der Ausprägungsgrad des Zugriffsschutzes wird zum einen bestimmt durch den Aufwand, den eine nicht autorisierte Person aufwenden muß, und zum anderen durch den erzielten Erfolg.
Der Erfolg wird bestimmt durch Kriterien, wie

- Anzahl erfolgreicher (unerlaubter) Zugriffe im Verhältnis zur Anzahl aller (unerlaubten) Zugriffe,
- Art des Zugriffs (Schreiben, Lesen),
- Umfang der gelesenen bzw. zerstörten Information,
- Wahrnehmen des Zugriffs durch autorisiertes Personal (um z.B. verfälschte Daten zu korrigieren).

4.4.3 Korrektheit

Begriffsklärung:

Unter Korrektheit versteht man eine Eigenschaft, die angibt, inwieweit ein Software-System frei von Fehlern ist. Ein Fehler liegt vor, wenn das Software-System eine Abweichung von den spezifizierten Anforderungen enthält.

Korrektheit wird hier also nicht im Sinne von /Endres 77/ (Software-System korrekt oder nicht korrekt) verstanden, sondern kann mehrere Ausprägungen annehmen.

Im Gegensatz zu anderen Qualitätseigenschaften wird die Ausprägung der Korrektheit als Erfüllungsgrad bzgl. gegebener Anforderungen verstanden.

Begründung der Notwendigkeit:

Eine 100%ige Korrektheit kann mit vertretbarem Aufwand nicht erreicht werden. Nach /Kopetz 76, S.35/ enthält ein Software-System umso mehr Fehler, je größer und umfangreicher es ist. So soll beispielsweise jede neue Version des VS 360 ca. 1000 Fehler enthalten.

Die Korrektheit kann für immer mehr Software-Systeme als die wichtigste Qualitätseigenschaft angesehen werden. Das gilt insbesondere im militärischen Bereich und im Bereich der Raumfahrttechnik.

Korrelation zur vorhandener Literatur:

Korrelierende Qualitätseigenschaften sind:

Effektivität
Fehlerfreiheit
Funktionale Korrektheit
Funktionserfüllung
Korrektheit
Richtigkeit
----
accuracy
correctness

Die Qualitätseigenschaften lassen sich in drei Klassen einteilen:

1. Erfüllungsgrad bzgl. des Gesamtspektrums der Anforderungen,
2. Erfüllungsgrad bzgl. der funktionalen Anforderungen,
3. Erfüllungsgrad bzgl. der Genauigkeitsanforderungen.

Struktur:
Für das konzipiertes Qualitätsmodell wird folgende Strukturierung der Korrektheit gewählt.

Korrektheit
- Funktionale Korrektheit
- Nichtfunktionale Anforderungstreue

Die funktionalen Anforderungen enthalten die Spezifkation aller auszuführenden Funktionen sowie die Genauigkeitsanforderungen. Die funktionale Korrektheit beinhaltet somit die Genauigkeit.
Nichtfunktionale Anforderungen sind beispielsweise "Speicherkapazität für 300 Briefe" und "Dialogantwortzeit weniger als 1 Sekunde".

Definition: Korrektheit
Korrektheit ist diejenige Eigenschaft, die bestimmt, inwieweit ein Software-System die spezifizierten Anforderungen fehlerfrei realisiert.

Die Korrektheit wird operationalisiert durch die Operationalisierung ihrer untergeordneten Qualitätseigenschaften.

Definition: Funktionale Korrektheit
Funktionale Korrektheit ist diejenige Eigenschaft, die bestimmt, inwieweit ein Software-System die spezifizierten funktionalen Anforderungen (inkl. Genauigkeitsanforderungen) fehlerfrei realisiert.

Operationalisierung: Funktionale Korrektheit

Der Ausprägungsgrad der funktionalen Korektheit wird beeinflußt durch

- die Anzahl der auftretenden Fehler,
- die Fehlerklassen und
- die Bedeutung der Funktion, in der ein Fehler auftritt.

Beispiele für Fehlerklassen sind:

- Nicht-Termination von Algorithmen,
- logische Fehler, z.B. Rechenfehler, Rundungsfehler,
- Layout-Fehler, z. B. fehlerhafte Anordnung von Bildschirmfeldern, ungenügende Stellenzahl von Ausgabewerten,
- Schreibfehler.

Die Bedeutung einer Funktion äußert sich darin, ob sie eine zentrale Aufgabe des Software-Systems darstellt, die sehr häufig benötigt wird oder ob sie eine Randfunktion ist, die nur selten aufgerufen wird.

Definition: Nichtfunktionale Anforderungstreue

Nichtfunktionale Anforderungstreue ist diejenige Eigenschaft, die bestimmt, inwieweit ein Software-System die spezifizierten nichtfunktionalen Anforderungen fehlerfrei (ohne Abweichungen) realisiert.

Operationalisierung: Nichtfunktionale Anforderungstreue

Analog zur funktionalen Korrektheit wird die Ausprägung bestimmt durch

- die Anzahl der Abweichungen,
- den Abweichungsgrad,
- die Bedeutung der Funktion, in der die Abweichung auftritt.

Als Beispiel für eine mögliche Abweichung sei genannt: Überschreitung der geforderten Dialogantwortzeit um 50 %. Der angegebene Prozentsatz drückt den Abweichungsgrad aus.

4.4.4 Fehlertoleranz

Begriffsklärung:

Die Fehlertoleranz bestimmt, in welchem Maße ein Software-System durch Fehler beeinträchtigt wird.

Ein Fehler ist vom problemlösenden Algorithmus her gesehen ein "unerwartetes und unerwünschtes Ereignis" /Kimm et al.79/.

Fehler können ihre Quelle sowohl in der Umgebung als im Software-System selbst haben (Abb. 4.1).

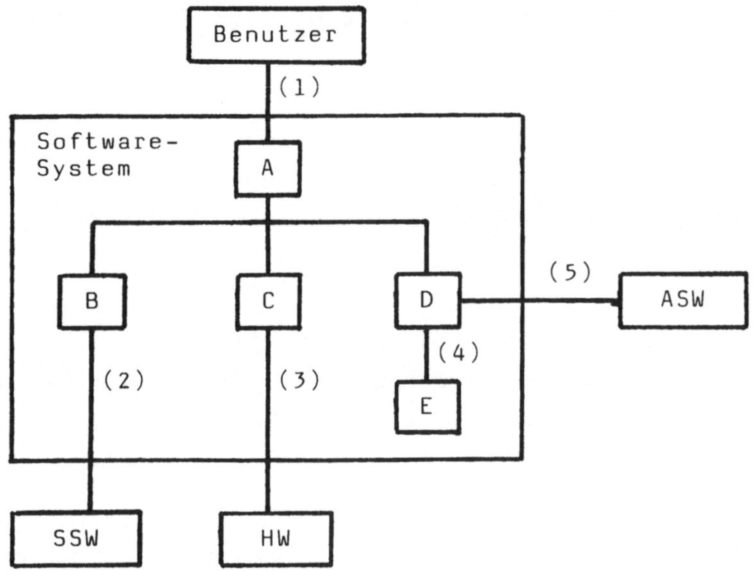

Legende:
A, B, C, D, E : Moduln des Software-Systems
SSW : Systemsoftware
HW : Hardware
ASW : Anwendersoftware

Abb. 4.1 Zur Erläuterung von Fehlerquellen

Als Beispiele für mögliche Fehler seien genannt:

(1): Modul A erhält vom Benutzer den Auftrag eine nicht existierende Datei zu löschen.

(2): Modul B stellt Inkonsistenzen in der benutzten Datenbasis fest.

(3): Modul C will drucken und stellt den Ausfall des Druckers oder einer benötigten Druckfunktion fest.
(4), (5): Modul C will eine Division durchführen und stellt fest, daß der Nenner den Wert Null hat. Dabei kann der fehlerhafte Wert sowohl vom System selbst ermittelt (Modul E) als auch von einem anderen Anwendersystem übergeben worden sein.

Zu beachten gilt, daß sich durch fehlertolerante Systeme keine Fehlerursachen, sondern nur deren Symptome reduzieren oder eliminieren lassen. Viele Fehler lassen sich durch fehlertolerante Software nicht völlig beheben (fail safe), sondern in ihren Auswirkungen nur abschwächen (fail soft).
Fehlertolerante Software-Maßnahmen gegenüber Hardware-Fehlern müssen sinnvollerweise durch entsprechende Hardware-Maßnahmen unterstützt werden. Welche Maßnahmen gewählt werden, hängt von der zulässigen Ausfallzeit und der zulässigen Ausfallintensität ab. Zu beachten ist, daß fail-safe-Maßnahmen nur durch stand-by Hardware möglich sind.

Fehlertoleranz umfaßt zwei Maßnahmen: zum einen die Erkennung von Fehlersymptomen, zum anderen die Behebung oder Abschwächung der Fehlersymptome.
Von fehlertoleranten Maßnahmen soll nur solange gesprochen werden, wie das System noch nicht total ausgefallen ist (Abgrenzung gegen Restartfähigkeit).

Begründung der Notwendigkeit:
Fehlerfreie (korrekte) Software ist nicht 100 %ig zu erreichen. Soll dennoch eine hohe Zuverlässigkeit (vgl. Abschnitt 4.4.6) sichergestellt werden, so müssen interne Fehler abgefangen werden (vgl. /Leveson, Harvey 83/).
Software wird in verstärktem Umfang nicht "stand alone" konzipiert, sondern ist mit einer Reihe anderer Software-Systeme verbunden. Ebenso wird bei der Erstellung immer mehr auf vorhandene Grundsoftware (Datenbanken etc.) zurückgegriffen. Fehler(urschen) der verwendeten Software sollen möglichst keine Fehlersymptome in dem benutzenden System hervorrufen.

Ein weiterer Grund ist der zunehmende Einsatz von Software in Bereichen, in denen DV-Laien mit dem Software-System arbeiten. Benutzerfehler müssen von der Software toleriert werden.

Korrelation zu vorhandener Literatur:

Korrelierende Qualitätseigenschaften sind:

Ausfallsicherheit
Integrität
Robustheit
Sicherheit /Sneed 81/
Vernünftiges Fehlerverhalten
Wiederherstellbarkeit

----

distinctness
error tolerance
security /Gilb 76/

Teilweise besteht ein Unterschied bzgl. Fehlertoleranz gegenüber dem Grundsystem (Ausfallsicherheit) und Fehlertoleranz gegenüber dem Benutzer (Robustheit /Kimm et al. 79/). Ein Unterschied erscheint jedoch nicht gerechtfertigt, da ein Software-System auf beide Fehler-Verursacher gleich reagieren kann. Beispielsweise wird kein Unterschied gemacht, ob es ein falsches Datum vom Benutzer oder von anderer Software erhält. Aus gleichem Grund wird auch nicht zwischen der Fehlertoleranz des Software-Systems gegenüber eigenen Fehlern und gegenüber Umgebungsfehlern differenziert.

Definition: Fehlertoleranz

Fehlertoleranz ist diejenige Eigenschaft, die bestimmt, inwieweit ein Software-System bei fehlerhaftem Verhalten des Grundsystems (Hardware, Software), des Software-Systems selbst und / oder der Benutzer seine Funktionsfähigkeit bewahrt.

Unter "Software" sind sowohl die Systemsoftware als auch angekoppelte Anwendersoftware zu verstehen.

Operationalisierung: Fehlertoleranz

Die Ausprägung der Fehlertoleranz wird bestimmt durch

- die Anzahl der Fehlersymptome,
- den Abweichungsgrad von der vollen Funktionsfähigkeit,
- den Aufwand für Behebung der Fehlersymptome.

Tritt beispielsweise als Fehlersymptom eine Inkonsistenz in einer Datenbasis auf, so kann als fehlertolerante Maßnahme der Datenbestand gesperrt (d.h. die Funktionsfähigkeit aller nicht tangierten Funktionen bleibt voll erhalten) und zu einem späteren Zeitpunkt durch einen Systemspezialisten in einen konsistenten Zustand überführt werden (Behebung des Fehlersymptoms). Im Gegensatz zur Fehlerreparatur wird hier also nicht die Fehlerursache beseitigt.

Die genannten Kriterien werden relativiert durch die Anzahl der Fehler und das Schadensmaß, das ohne die fehlertoleranten Maßnahmen vorliegen würde.

4.4.5 Restartfähigkeit

Begriffsklärung:

Unter "Restart" ist der Wiederanlauf eines Software-Systems nach dessen vollständigem Ausfall zu verstehen. Ausgenommen sei der Restart nach einer Zerstörung der zugrundeliegenden Hardware.

Ziel der Restartfähigkeit ist es, die Auswirkungen, die ein vollständiger Systemausfall nach sich zieht, möglichst gering zu halten. Die Fehlertoleranz verfolgt dagegen das Ziel die Fehlersymptome vor einem vollständigen Systemausfall zu minimieren.

Begründung der Notwendigkeit:
Bei Stromausfall oder versehentlichem Ausschalten der Anlage bei noch laufender Verarbeitung muß es möglich sein, nach dem Wiedereinschalten definiert weiterarbeiten zu können. Ebenso wichtig ist es, mit möglichst geringem Aufwand die Verarbeitung fortsetzen zu können, wenn ein Fehler zu einem vollständigen Ausfall geführt hat.

Korrelation zu vorhandener Literatur:
Korrelierende Qualitätseigenschaft ist nur:
Wiederherstellbarkeit

Der Restartfähigkeit kommt in der Qualitätsicherungs-Literatur nicht die Bedeutung zu, die sie in der Praxis hat.

Definition: Restartfähigkeit
Restartfähigkeit ist diejenige Eigenschaft, die nach einem vollständigen Ausfall des Software-Systems den Wiederanlauf und das Überführen des Systems in den Zustand direkt vor dem Ausfall erleichtert.

Operationalisierung: Restartfähigkeit
Folgende Kriterien beeinflussen den Ausprägungsgrad der Restartfähigkeit.

- Umfang der verlorenen Daten; dazu gehören auch inkonsistente Daten, die gelöscht und neu erfaßt werden müssen.
- Anzahl und Komplexität der vom Benutzer durchzuführenden Funktionen, um den alten Zustand wieder herzustellen.
- Personengruppe, die die Restart-Aktivitäten durchführen kann (z.B. nur Spezialisten).
- Benötigte Zeit, um den alten Zustand wiederherzustellen (d.h. Ausfalldauer für den Benutzer).

4.4.6 Zuverlässigkeit

Zuverlässigkeit (reliability, Verfügbarkeit, availability) ist eine in der Literatur häufig genannte Qualitätseigenschaft.

Ein Software-System gilt als zuverlässig, wenn es in allen Situationen in denn es benutzt wird ein möglichst sinnvolles Verhalten zeigt /Endres 77/.

Die Verfügbarkeit berücksichtigt zusätzlich noch die Reparaturzeit nach Ausfällen /Kopetz 76/, /Sneed 81/, /Gilb 79/.

Zuverlässigkeit ist in dem beschriebenen Qualitätsmodell nicht explizit enthalten. Sie kann jedoch auf eine Reihe von darin enthaltenen Qualitätseigenschaften - Korrektheit, Fehlertoleranz und Restartfähigkeit - zurückgeführt werden.

Ein korrektes Software-System ist als abgeschlossenes System betrachtet stets zuverlässig, da es in einem definierten Zeitintervall kein fehlerhaftes Verhalten zeigt.

Kein Software-System ist jedoch 100%ig korrekt. Außerdem kann auch ein korrektes Software-System durch fehlerhaftes Verhalten der Benutzer, der verwendeten Software und der zugrundeliegenden Hardware in seiner fehler- und ausfallfreien Funktionsweise behindert werden. Aufgabe von Fehlertoleranz und Restartfähigkeit ist es, die Konsequenzen möglicher Fehler und Ausfälle zu minimieren.

4.5 Struktur des Qualitätsmodells

4.5.1 Baum der Qualitätseigenschaften

Aus den dargelegten Ausführungen ergibt sich folgender Baum der Qualitätseigenschaften.

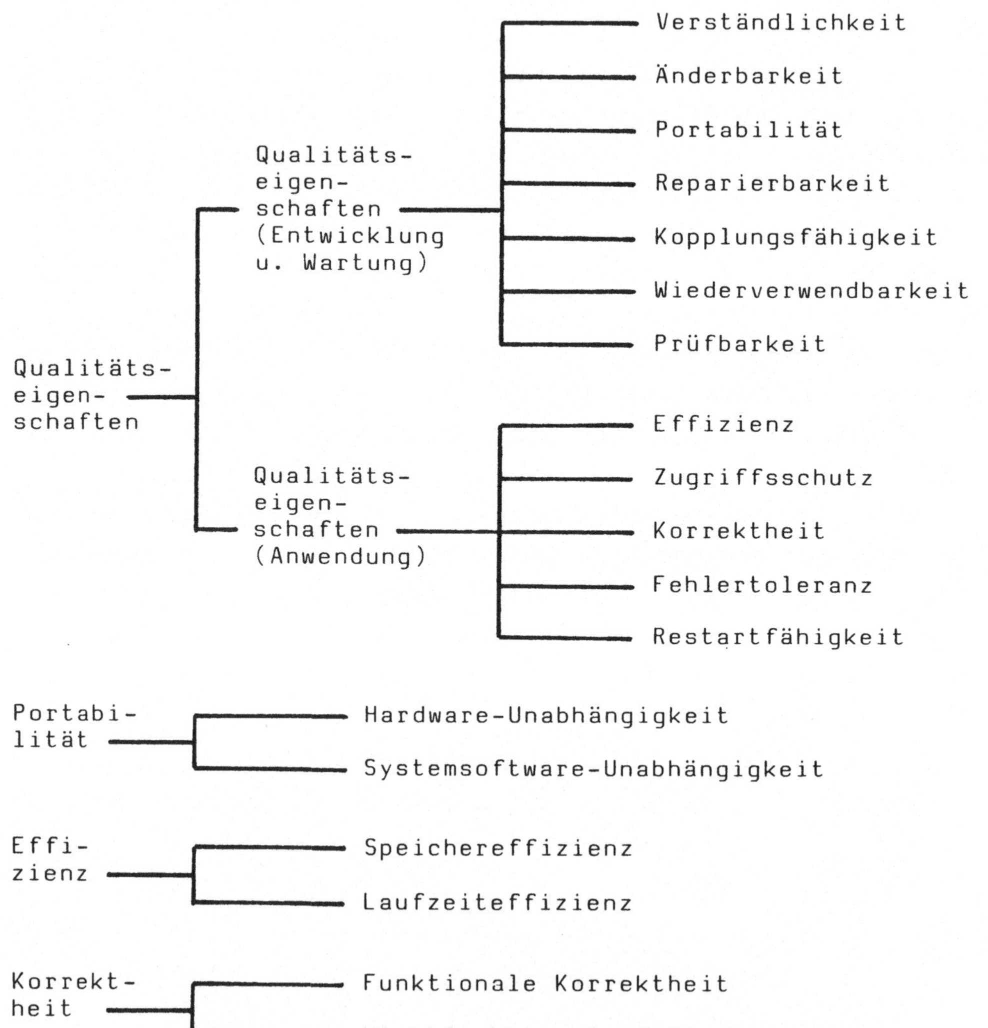

Portabilität — Hardware-Unabhängigkeit; Systemsoftware-Unabhängigkeit

Effizienz — Speichereffizienz; Laufzeiteffizienz

Korrektheit — Funktionale Korrektheit; Nichtfunktionale Anforderungstreue

Der Wurzelknoten und die Knoten der obersten Ebene bilden Oberbegriffe, die nur der Strukturierung dienen. Alle anderen Knoten sind Qualitätseigenschaften.
Zwischen den Knoten liegt eine "Ist-Teil-von-Hierarchie" /Balzert 82/ vor.
Die zwei- bzw. dreistufige Hierarchie der Qualitätseigenschaften hat den Vorteil, daß die Qualitätseigenschaften jeweils auf dem benötigten Abstraktionsniveau referenziert werden können.
Durch Einführung zusätzlicher Begriffe wäre eine weitere Verkleinerung der Hierarchiespanne möglich. Es erscheint aber nicht nötig, da die empfohlene Obergrenze /Stevens 81/ nicht überschritten wird.
Der Baum der Qualitätseigenschaften erfüllt also die gestellten Anforderungen nach der Transparenz der Struktur des Qualitätsmodells.

4.5.2 Zusammenwirken der Qualitätseigenschaften

Die beschriebenen Qualitätseigenschaften können bei der Qualitäts-Zielbestimmung nicht isoliert voneinander betrachtet werden, da sie in intensiver Wechselwirkung stehen.
Qualitätseigenschaften von zentraler Bedeutung stellen insbesondere die Verständlichkeit und die Prüfbarkeit dar.
Die Verständlichkeit ist die Voraussetzung für alle anderen Qualitätseigenschaften der Kategorie "Entwicklung und Wartung". Sie entscheidet darüber, ob ein Programm modifiziert werden kann oder ob es vollständig neu estellt werden muß /Elshoff, Marcotty 82, S. 513/. Außerdem ist sie wichtig, damit die entsprechenden Aktionen nicht mit einer Reduktion der Korrektheit verbunden sind /Berns 84, S. 14/. Sie ist darüberhinaus auch bei Neuerstellungen eine Voraussetzung für die Korrektheit, da sie die Anzahl der Fehler per se vermindert /Warren 82/.
Die Prüfbarkeit bildet die Konsequenz zu allen Qualitätseigenschaften, die die Modifikation der Produkte betreffen. Eine hohe Ausprägung der Prüfbarkeit ermöglicht es, nach

einer Modifikation auf ökonomische Weise sicherzustellen, daß keine unerwünschten Nebeneffekte auftreten.
Sollen Produkte einen hohen Grad an Korrektheit aufweisen, so ist die Prüfbarkeit eine notwendige Voraussetzung für die kosteneffiziente Erreichung dieses Ziels.
Da bei der Software-Entwicklung die gestellten Effizienz-Anforderungen oft nur durch nachträgliches gezieltes Tuning erreicht werden, bildet die Änderbarkeit eine wichtige Voraussetzung für die Effizienz /Ross et al. 75/.

Die Abbildung 4.2 gibt einen Überblick über die einzelnen Voraussetzungen und Konsequenzen. Um die Zusammenhänge von Korrektheit, Fehlertoleranz und Restartfähigkeit aufzuzeigen, ist auch die Zuverlässigkeit in das Netz eingetragen.

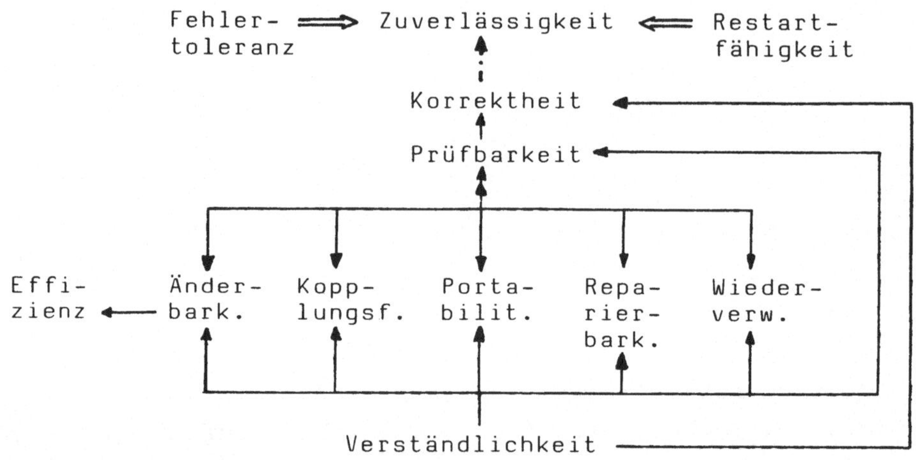

Legende:

a ◄── b	:	a setzt b voraus
a ◄─►► b	:	b ist Konsequenz von a, d.h. wird a gefordert, so muß auch b gefordert werden
a ◄·– b	:	b ist Teil von a
a ⟸ b	:	b trägt dazu bei im Fehlerfall die Auswirkungen auf a zu minimieren

Abb. 4.2 Interrelationen der Qualitätseigenschaften

5. Produktmodell

In diesem Kapitel wird analog zum Qualitätsmodell das Produktmodell hergeleitet. Auch hier wird zunächst eine repräsentative Auswahl von in der Literatur definierten Begriffen für Produkteigenschaften aufgeführt. Darauf folgt die allgemeine Beschreibung des Produktmodells und im Anschluß daran dessen konkrete Herleitung.

5.1 Liste von Produkteigenschaften

Analog zu Kapitel 4 werden aus relevanten Publikationen entnommene Produkteigenschaften zusammengestellt. Die aufgeführten Produkteigenschaften müssen folgendes Kriterium erfüllen:

Die Definition der Eigenschaft enthält Angaben darüber, wie das Produkt konstruiert ist. Sie soll keine Information darüber enthalten, welchem nutzungsbezogenen Zweck diese Eigenschaft dient.

Die Validierung dieses Kriteriums erfolgt anhand der Definitionen.

Für den Aufbau der Liste und die Auswahl der Produkteigenschaften gilt das im vierten Kapitel Gesagte.

Liste deutscher Begriffe für Produkteigenschaften

1 Änderungsfreundlichkeit 12
2 Kompatibilität 15
3 Komplexität 17
4 Konsistenz 15
5 Kontrollierbarkeit 15
6 Lesbarkeit 12
7 Modularität 15
8 Normengerechtigkeit 15
9 Redundanz 15
10 Transparenz 15
11 Vollständigkeit 11
12 Wartbarkeit 12

Liste englischer Begriffe für Produkteigenschaften

1	access audit	8
2	access control	8
3	communications commonality	8
4	completeness	1, 8
5	conciseness	1, 8
6	consistency	1, 8, 14
7	data commonality	8
8	descriptiveness	14
9	hierarchy	4
10	logical complexity	4
11	modularity	4, 8, 14
12	operability	8
13	redundancy	4
14	self-descriptiveness	1, 8
15	simplicity	14
16	structural complexity	4
17	structuredness	1

Die genannten Literaturstellen beziehen sich auf die in Abschnitt 4.1 aufgeführte Liste.

Die Abgrenzung der Produkteigenschaften gegen die Qualitätseigenschaften ist teilweise recht problematisch. Oft wird bei der Definition von Konstruktionsaspekten gleich auf deren Auswirkungen bzgl. der Nutzung verwiesen, oder die Definition beschreibt Konstrukionsmerkmale für einen ganz bestimmten Nutzungszweck. Die Unabhängigkeit des Produktmodells vom Qualitätsmodell ist bei diesen Definitionen nicht gegeben.
Begriffe wie beispielsweise Änderungsfreundlichkeit lassen zunächst eine Qualitätseigenschaft vermuten. Ihrer Definition gemäß handelt es sich jedoch um Produkteigenschaften.

Es zeigt sich, daß wesentlich weniger Produkteigenschaften als Qualitätseigenschaften in der Literatur definiert sind.
Wie beim Qualitätsmodell soll auch bei der Herleitung des Produktmodells weitgehend auf vorhandene Ansätze zurückgegriffen werden. Eine wesentliche Ausgangsbasis stellen daher die oben aufgeführten Produkteigenschaften dar. Wie bei der Modellbildung vorgegangen wird, ist Gegenstand des nächsten Abschnitts.

Die oben aufgeführten Produkteigenschaften "conciseness", "redundancy" und "simplicity" beschreiben globale Zielsetzungen, aber keine konkreten Zielsetzungen für die Produktkonstruktion. Es handelt sich um intuitiv verständliche Eigenschaften, die aber nur dann eine konkrete Aussagekraft erhalten, wenn sie sich auf dedizierte Objekte beziehen. Als Beispiel sei die Kompaktheit der Struktur genannt, d.h. daß ein Produkt so strukturiert ist, daß keine Information doppelt vorhanden ist.
Diese Eigenschaften finden sich implizit stets in mehreren Produkteigenschaften des hier entwickelten Produktmodells; auf eine explizite Zuordnung wird daher verzichtet.

5.2 Konzeption des Produktmodells

Analog zum Qualitätsmodell wird ein Produktmodell konzipiert. Die Anzahl der Produkteigenschaften soll überschaubar sein; sie müssen sich präzise und problemlos gegeneinander abgrenzen lassen. Die Menge der Produkteigenschaften soll alle Aspekte der Produktkonstruktion vollständig beschreiben. Produkteigenschaften sind unabhängig von den eingesetzten Methoden, Sprachen, Richtlinien und Werkzeugen.

Wie bereits definiert wurde, bezeichnet eine Produkteigenschaft eine dedizierte Klasse von Produktmerkmalen. Bei den Produktmerkmalen ist die Unabhängigkeit von den verwendeten Hilfsmitteln i. allg. nicht vorhanden. Dies soll an folgendem Beispiel illustriert werden:
Ein wesentliches Produktmerkmal des funktionalen Entwurfs ist die "schmale Datenkopplung" /Stevens 81/. Bei einem datenstrukturorientierten Entwurf /Jackson 79/ spielt dieses Merkmal keine Rolle. Die verwendete Entwurfsmethode hat also u. U. einen Einfluß auf dedizierte Produktmerkmale.

Durch die explizite Trennung von Produkteigenschaften und Produktmerkmalen erhält das Modell eine hohe Allgemeingültigkeit.

Bei der Modellbildung ist zu berücksichtigen, daß hier eine andere Ausgangsbasis als beim Qualitätsmodell vorliegt. In der Literatur sind vergleichsweise wenige Produkteigenschaften definiert. Zusätzlich enthalten die entsprechenden Ansätze eine sehr große Anzahl von Produktmerkmalen, die den Qualitäts- und den Produkteigenschaften zugeordnet sind. Produktmerkmale sind darüberhinaus in zahlreichen Publikationen auf dem Software Engineering Sektor aufgeführt. Problemimmanent ergibt sich also für das Produktmodell eine modifizierte Herleitungsmethodik.

Es werden eine Reihe von Produkteigenschaften aufgestellt, die die oben benannten Kriterien erfüllen. Für jede postulierte Produkteigenschaft wird die Korrelation zur existierenden Literatur analysiert. Dabei finden sowohl Produkteigenschaften als auch Produktmerkmale Berücksichtigung. Im Anschluß daran wird die Produkteigenschaft definiert und es werden ihr entsprechende Produktmerkmale zugeordnet.

Die Beschreibung jeder Produkteigenschaft erfolgt nach folgendem Schema:

- Begriffsklärung,
- Korrelation zu vorhandener Literatur,
- Definition,
- Zuordnung von Produktmerkmalen,
- ggf. Beispiel zur Erläuterung und Abgrenzung gegen andere Produkteigenschaften.

Zur Korrelation zu vorhandener Literatur

Auch bei der Konzeption des Produktmodells soll weitgehend auf vorhandene Literatur zurückgegriffen werden. Jede postulierte Produkteigenschaft wird daraufhin analysiert, ob sie durch Produkteigenschaften oder -merkmale in vorhandenen Ansätzen bestätigt wird. Dazu werden gleichbedeutende, ähnliche oder überlappende Produkteigenschaften aus der in Abschnitt 5.1 entwickelten Liste zu jeder postulierten Produkteigenschaft aufgeführt. Zusätzlich wird für die in existierenden Modellen genannten Produktmerkmale evaluiert, ob sie sich einer Produkteigenschaft eindeutig zuordnen lassen.

Zur Definition

Ziel ist die einheitliche Definition aller Produkteigenschaften. /McCall, Matsumoto 80/ definieren die produktorientierten Eigenschaften mit "Those attributes of the software that provide ...". In Anlehnung daran sollen die in diesem Produktmodell entwickelten Produkteigenschaften in der folgenden Form definiert werden:
Gesamtheit derjenigen Produktmerkmale, die ... bestimmen.

Die Definition darf - im Gegensatz zu einigen vorhandenen Ansätzen - keine nutzungsorientierte Information enthalten; sie muß sich ausschließlich an der Produktkonstruktion orientieren.
Produkteigenschaften sind nominalskalierte Eigenschaften, wobei jede Auspägung einer Teilmenge der zugehörigen Produktmerkmale entspricht.

Zur Zuordnung von Produktmerkmalen

Zu jeder Produkteigenschaft werden exemplarisch eine Reihe von Produktmerkmalen aufgeführt. Produktmerkmale sind so präzise zu definieren, daß sie weitgehend objektiv prüfbar sind. Unter Umständen sind zur Validierung entsprechende Kriterien oder Erfahrungen nötig.
Als Beispiel sei das Produktmerkmal "Funktionale Modulbindung" genannt. Validierungskriterien finden sich in /Willmer, Balzert 84/.
Kein geeignetes Produktmerkmal ist "Die Dokumentation enthält ein nützliches Stichwortverzeichnis". Hier ist die Anforderung nicht erfüllt, weil "nützlich" nicht objektiv beurteilt werden kann (für wen nützlich?, wozu nützlich?). Ein derartiges Produktmerkmal kann jedoch oft in eine Reihe präziser Produktmerkmale zerlegt werden, welche die obige

Anforderung erfüllen. Es ergeben sich dann z.B. die Produktmerkmale "Die Dokumentation enthält ein Stichwortverzeichnis" und "Das Stichwortverzeichnis enthält alle im Text unterstrichenen Begriffe".
Wie bereits exemplarisch belegt wurde, sind Produktmerkmale abhängig von den verwendeten Methoden, Sprachen, Richtlinien und Werkzeugen, d.h. der konkreten Entwicklungsumgebung, in der ein Produkt konstruiert wird. Das bedeutet, daß die Zuordnung der Produktmerkmale zu den Produkteigenschaften in Abhängigkeit von den eingesetzten Hilfsmitteln jeweils explizit durchgeführt werden muß.
Diese Zuordnung kann z.B. von einem Spezialisten der Software-Engineering- oder der Qualitätssicherungsabteilung einer Firma vorgenommen werden. Die in diesem Kapitel aufgeführten Produktmerkmale dienen dabei als Beispiel und zur Illustration der Definition der jeweiligen Produkteigenschaft.

Die angegebenen Produktmerkmale sind nicht willkürlich gewählt, sondern ihnen liegt das Modell einer dedizierten Entwicklungsumgebung - das Entwicklungsmodell - zugrunde. Ziel dieses Entwicklungsmodells ist es, die Übertragung des Produktmodells in eine andere Umgebung zu erleichtern.
Die Beschreibung dieses Entwicklungsmodells ist Gegenstand des nächsten Abschnitts, bevor im Abschnitt 5.4 auf die konkrete Herleitung des Produktmodells eingegangen wird.

5.3 Entwicklungsmodell

Ein Entwicklungsmodell beschreibt das zugrundeliegende Phasenkonzept, die Produkte, die in jeder Phase entstehen, und die grundlegenden Kriterien der Produktkonstruktion. Es wird von einer konkreten Entwicklungsumgebung (dedizierten Methoden etc.) abstrahiert.

Das Entwicklungsmodell soll folgende Anforderungen erfüllen.

1. Es soll dem gegenwärtigen State-of-the-Art der Software-Entwicklung entsprechen.
2. Es soll in der Praxis eine relativ weite Verbreitung besitzen.
3. Es soll so allgemeingültig sein, daß es nicht die Verwendung bestimmter Sprachen und Methoden impliziert. Stattdessen soll es sich auf Klassen von Methoden und Sprachen beziehen.

Durch die Einhaltung dieser Anforderungen soll sichergestellt werden, daß sich möglichst viele konkrete Entwicklungsumgebungen in dem Modell wiederfinden. Das bedeutet, daß viele der hier genannten Produktmerkmale übernommen werden können oder nur geringfügig modifiziert werden müssen.

Den genannten Anforderungen gemäß wird folgendes Entwicklungsmodell gewählt:
Dem Modell liegt ein Phasenkonzept zugrunde, daß die Phasen Definition, Entwurf und Implementierung enthält /Balzert 82/. Die Produkte, die in den jeweiligen Phasen entstehen, werden als Produktdefinition, Produktentwurf und Produktimplementierung bezeichnet. Diese drei Phasenergebnisse bilden zusammen das Gesamtprodukt.

Die Produktdefinition beschreibt das zu erstellende Software-System aus Benutzersicht. Den Kern der Produktdefinition bildet die Beschreibung derjenigen Funktionen, die an der Benutzeroberfläche sichtbar sind (Benutzerfunktionen). Die Beschreibung der Produktdefinition erfolgt in informaler (verbaler) und semi-formaler (u. a. Graphik für Datenflußdiagramme) Notation.

In der Entwurfsphase ist die Systemarchitektur des Software-Systems zu konzipieren. Unter dem Begriff "Systemarchitektur" ist eine modulare Struktur, d.h. die Moduln des Systems und die Beziehungen zwischen diesen Moduln, zu verstehen. Die Zerlegung erfolgt nach den Gesichtspunkten von funktionaler Abstraktion und Datenabstraktion.
Neben der Systemarchitektur sind in der Entwurfsphase Testpläne etc. zu erstellen. Hier soll von allen Teilprodukten der Entwurfsphase nur die Systemarchitektur betrachtet werden, die hier mit Produktentwurf gleichgesetzt wird, da sie den Kern des Produktentwurfs darstellt.

In der Implementierungsphase sind die entworfenen Moduln in einer prozeduralen Programmiersprache zu programmieren und zu dem Gesamtsystem zu integrieren, das im Produktentwurf beschrieben ist. Neben den Modulimplementierungen entstehen andere Teilprodukte wie Testprotokolle, Testfälle etc.
Auch hier sollen nur die Modulimplementierungen betrachtet werden, die analog mit Produktimplementierung bezeichnet werden.

Eine konkrete Entwicklungsumgebung, die das beschriebene Entwicklungsmodell realisiert, findet sich in /Willmer, Balzert 84/.

5.4 Produkteigenschaften

Das Ziel dieses Abschnitts ist die konkrete Beschreibung des in Abschnitt 5.2 allgemein konzipierten Produktmodells unter Berücksichtigung des in Abschnitt 5.3 eingeführten Entwicklungsmodells.

Aus den Produkteigenschaften und -merkmalen der vorhandenen Ansätze lassen sich folgende grundlegende Eigenschaften der Produktkonstruktion extrahieren:

1. Struktur, Modularität, Hierarchie
2. Umfang der Dokumentation
3. verwendete Sprachform, Selbstdokumentation der Programmiersprache
4. Optische Anordnung von Information
5. Implementierungstechniken und Realisierungskonzepte (Überprüfung von Eingabedaten auf den zulässigen Wertebereich; Doppelte Führung von Datenbeständen; Vorhandensein von Funktionen zur Zugriffsprotokollierung oder zur Protokollierung von Systemzuständen etc.).
6. Einheitlichkeit, Einhaltung von Standards
7. Konsistenz

Diese Eigenschaften werden im Produktmodell folgendermaßen bezeichnet:

1. Strukturierung
2. Dokumentationsumfang
3. Sprachverwendung
4. Visualisierung
5. Operabilität
6. Einheitlichkeit
7. Konsistenz

Auf jede dieser Produkteigenschaften wird im folgenden detailliert eingegangen.

5.4.1 Strukturierung

Begriffsklärung:

Viele in der Natur vorkommenden komplexen Systeme besitzen eine Struktur. Ebenso bietet sich eine Struktur auch als geeignetes Mittel für den Aufbau von künstlichen Systemen an. Die Strukturierung beschreibt die Zerlegung eines Produkts in Komponenten (Modulariät) und die Rangordnung, die zwischen den Komponenten existiert (Hierarchie). Dabei bilden das monolithische Produkt und das Produkt, dessen Komponenten keine Rangordnung aufgeprägt ist, Sonderfälle der Strukturierung.

Die Produkteigenschaft wird zumeist im Zusammenhang mit der logischen Struktur eines Software-Systems ("structured analysis", "structured design", "structured programming") betrachtet. Die Grundkonzepte haben jedoch auch für die Struktur von Dokumenten ihre Gültigkeit /Balzert 82/.

Korrelation zu vorhandener Literatur:

Korrelierende Produkteigenschaften sind:

Änderungsfreundlichkeit
Komplexität
Modularität
Wartbarkeit
----
hierarchy
logical complexity
modularity
structural complexity
structuredness

Darüberhinaus existieren in vorhandenen Modellen eine Reihe korrelierender Produktmerkmale, die dort teilweise anderen Produkt- und Qualitätseigenschaften zugeordnet sind. Exemplarisch seien angeführt: "Input, processing, output functions are not mixed in a single module" (generality) /McCall, Matsumoto 80/, "Is the program structured in a fashion which allows phased operation on a smaller computer?" (device-independence) /Boehm et al. 78/, "Are the elements of an array functionally related?" (consistency) /Boehm et al.

78/.
Die meisten Produkteigenschaften und -merkmale beziehen sich auf die Modulstruktur und die Kontrollstrukturen eines Programms. Nur der Ansatz von /SMEH 80/ differenziert den Begriff "modularity" in format modularity, data modularity, data/ control modularity und processing modularity.
Andere Formen der Strukturierung sind durch Produktmerkmale vereinzelt vertreten. Da für alle Arten der Strukturierung prinzipiell die gleichen Grundmuster gelten, wird im dem vorliegenden Modell der Begriff der Strukturierung entsprechend globaler aufgefaßt.

Definition: Strukturierung
Gesamtheit derjenigen Produktmerkmale, die das logische Organisationsmuster zwischen den abhängigen Komponenten eines Produkts beinflussen.

Zuordnung von Produktmerkmalen:
Welche Arten der Strukturierung im einzelnen zu berücksichtigen sind, wird von der zugrundeliegenden Entwicklungsumgebung bestimmt.
Für das gewählte Entwicklungsmodell sind folgende Strukturen möglich:
- Datenstruktur, z.B. Jackson-Baumstrukturen /Jackson 79/,
- Kontrollstruktur, z.B. Pseudocode,
- Datenflußstruktur, z.B. Aktigramme von SADT /Softech 76/ oder Datenflußdiagramme /DeMarco 79/,
- Kapitel- und Abschnittsstruktur,
- Modulstruktur, z.B. Strukturdiagramme von Structured Design /Page-Jones 80/,
- Overlay-Struktur.

Die Strukturen beziehen sich nicht stets auf eine Phase, sondern lassen sich für verschiedene Darstellungen verwenden.
Die folgende Tabelle enthält eine mögliche Zuordnung der Strukturen zu den Phasenprodukten des gewählten Entwicklungsmodells.

Struktur	Prod. def.	Prod. entwurf	Prod. impl.
Datenstruktur	x	x	x
Kontrollstruktur	x	x	x
Datenflußstruktur	x	x	
Kapitel- und Abschnittsstruktur	x		
Modulstruktur		x	
Overlay-Struktur			x

Zu jeder der genannten Strukturen werden exemplarisch entsprechende Produktmerkmale aufgeführt.

Datenstruktur:

- Datenstrukturen bestehen aus funktional zusammengehörenden Daten.

Kontrollstruktur:

- Auswahlstrukturen besitzen nur einen Eingang.
- Auswahlstrukturen besitzen nur einen Ausgang.

Datenflußstruktur:

- Jedes Kästchen eines SADT-Diagramms enthält max. 4 Pfeile.
- Jedes Kästchen eines SADT-Diagramms wird in mind. 3 und max. 6 Kästchen zerlegt.

Kapitel- und Abschnittsstruktur:

- Kapitel-/abschnittsweise Seitenzählung.
- Kapitel-/abschnittsweise Numerierung von Abbildungen und Tabellen.
- Begrenzte Anzahl von Referenzen zwischen Kapiteln/Abschnitten.
- Begrenzter Umfang von Abschnitten.
- Anforderungen an die Dialogschnittstelle in separatem Kapitel beschrieben.

Modulstruktur:

- Funktionale oder informale Modulbindung.
- Schmale Datenkopplung.
- Maschinenabhängige und -unabhängige Funktionen sind nicht in einem Modul gemischt.
- Begrenzte Modulgröße.

Overlay-Struktur:

- Overlays sind so strukturiert, daß der Speicher nicht vollständig ausgenutzt wird.

5.4.2 Dokumentationsumfang

Begriffsklärung:

Das Vorhandensein der notwendigen Dokumentation bildet einen wichtigen Faktor bei der Software-Entwicklung.
Unter "Dokumentationsumfang" ist nicht möglichst viel, sondern das richtige Maß an Dokumentation zu verstehen. Das bedeutet, daß alle Informationen vorhanden sein müssen, die von den Beteiligten zur Durchführung ihrer Aufgaben benötigt werden, und daß keine überflüssigen Informationen vorhanden sind.
Diese Produkteigenschaft berücksichtigt nicht den Programmquellcode, da er stets bei der Software-Konstruktion erstellt wird und somit sein Vorhandensein kein signifikantes Unterscheidungsmerkmal darstellt.

Korrelation zu vorhandener Literatur:

Korrelierende Produkteigenschaften sind:

Transparenz
Vollständigkeit
----
descriptiveness
self-descriptiveness

Zum Dokumentationsumfang gehörende Produktmerkmale sind:
"Cross referencing relating modules to requirements" (traceability) /McCall, Matsumoto 80/, "A definitive statement of requirement for error tolerance of input data" (error tolerance) /McCall, Matsumoto 80/, "Does the program contain ... adequate commentary to define the conditions under which undefined operations are possible?" (completeness) /Boehm et al. 78/.
Aus der Zuordnung der Produktmerkmale ist zu entnehmen, daß /McCall, Matsumoto 80/ und /Boehm et al. 78/ "self-descriptiveness" vor allem als ergänzende Erläuterungen zum Pro-

gramm verstehen. /SMEH 80/ sieht die Eigenschaft "descriptiveness" etwas allgemeiner, indem auch Inhaltsverzeichnisse, Stichwortverzeichnisse etc. dazu gerechnet werden.
Damit die Anforderung bzgl. der Berücksichtigung aller Entwicklungsphasen erfüllt ist, bezieht sich die Strukturierung auf Produktdefinition, Produktentwurf und die Dokumentation der Produktimplementierung. Bei der Produktimplementierung kann die Dokumentation sowohl in Form von Kommentaren in das Programm integriert als auch als eigenständiges Teilprodukt erstellt werden.

Definition: Dokumentationsumfang
Gesamtheit derjenigen Produktmerkmale, die bestimmen, welche Informationen die Dokumentation enthält.

Zuordnung von Produktmerkmalen:
Die Produktmerkmale beschreiben, was alles dokumentiert werden soll. Dadurch ist implizit festgelegt, welche Information nicht vorhanden sein soll.
Die Produktmerkmale, die unter der "Dokumentationsumfang" subsummiert werden, lassen sich am besten anhand der jeweiligen Phasenergebnisse - Produktdefinition, Produktentwurf, Produktimplementierung - klassifizieren.
Jedes dieser Teilprodukte läßt sich weiter untergliedern in
a) Information über das zu realisierende System, (Systeminformation)
b) Information zur Verwaltung und Organisation. (Verwaltungsinformation)

Die Verwaltungsinformation bezieht sich zusätzlich auf das Gesamtprodukt.

Entsprechend diesem Schema können folgende Produktmerkmale zugeordnet werden:

1. Gesamtprodukt

- Inhaltsverzeichnis aller Teilprodukte.

2. Produktdefinition

Typ a)
- Dokumentation jeder Funktion.
- Zusammenhang zwischen allen Funktionen dokumentiert.
- Beschreibung der Dialogschnittstelle.

Typ b)
- Inhaltsverzeichnis.
- Stichwortverzeichnis (Index).
- Markierung der Anforderungen.

3. Produktentwurf

(i) Dokumentation innerhalb jeder Modulspezifikation.

Typ a)
- Beschreibung der normalen Modulverarbeitung.
- Beschreibung des zulässigen Wertebereichs von Schnittstellendaten.

Typ b)
- Dokumentaion von Autorenname, Versionsnummer.
- Quittierung der Anforderungen aus der Produktdefinition.

(ii) Information über alle/mehrere Moduln

Typ a)
- Pfadausdrücke /Koch 79/.

Typ b)
- Liste aller Moduln.
- Änderungslogbuch für alle Moduln.
- Liste, die zu jeder globalen Variablen aufzeigt, welche Moduln darauf zugreifen (= Stichwortverzeichnis für globale Variablen).

4. Produktimplementierung

Typ a)
- Kennzeichnung von maschinenabhängigem Programmcode.
- Beschreibung der verwendeten Algorithmen. (white-box-Verarbeitungsregeln),
- Dokumentation der Zeit- und Speicherkomplexität in Abhängigkeit von den Eingabewerten.

Typ b)
- Dokumentation von Programmierername, Datum, und Versionsnummer.

Eine umfangreiche Liste von Produktmerkmalen zum Dokumentationsumfang enthält /Gass et al. 81/.

5.4.3 Sprachverwendung

Begriffsklärung:

Unter "Sprachverwendung" sei die Wahl geeigneter Sprachelemente zur Formulierung von Sachverhalten zu verstehen. Sprachelemente sind z.B. die Worte (kurze Worte, Fremdworte etc.) und die Satzkonstruktion (Schachtelsatz etc.). Welche Sprachelemente im einzelnen zu beachten sind, wird stark von der verwendeten Sprache bestimmt. Die oben genannten Sprachmittel sind bei Anwendung der natürlichen Sprache relevant /Schneider 83/.
Andere Sprachelemente stehen bei den Programmiersprachen zur Verfügung. Als Beispiele seien hierfür die Wahl der Bezeichnernamen, die Verwendung von GOTOs oder manifester Konstanten genannt. Im Vergleich zu den natürlichen Sprachen ist die Menge der verfügbaren Sprachelemente hier sehr begrenzt.

Korrelation zu vorhandener Literatur:

Korrelierende Produkteigenschaft ist nur:
Lesbarkeit

Zugehörige Produktmerkmale sind verschiedenen anderen Produkt- und Qualitätseigenschaften zugeordnet. Exemplarisch seien genannt: "Varibale names (mnemonic) descriptive of physical or functional property represented" (self-descriptiveness) /McCall, Matsumoto 80/, "Negative Boolean or complicated compound Boolean expressions used" (simplicity) /McCall, Matsumoto 80/, "Is the programm without any multi-dimensional arrays for which a few arrays each with fewer dimensions would suffice?" (conciseness) /Boehm et al. 78/.

Existierende Ansätze berücksichtigen die Sprachverwendung von Programmiersprachen und die generelle Verwendung einer natürlichen Sprache, nicht jedoch deren spezifische Sprachmittel. Im vorliegenden Produktmodell wird die Sprachverwendung dagegen auf alle Sprachen ausgedehnt.

Definition: Sprachverwendung
Gesamtheit derjenigen Produktmerkmale, die die Wahl geeigneter Sprachelemente für eine gegebene Sprache bestimmen.

Zuordnung von Produktmerkmalen:
Was unter "geeigneten Sprachelementen" zu verstehen ist, muß für jeden Sprachtyp getrennt betrachtet werden.
Entsprechend dem gewählten Entwicklungsmodell können hier natürliche und graphische Sprachen sowie Spezifikations- und Programmiersprachen differenziert werden.
Die einzelnen Sprachen finden in verschiedenen Phasen Verwendung. Daher läßt sich analog zur Strukturierung eine Tabelle aufstellen, in der die Sprachen den Phasenergebnissen zugeordnet werden.

Sprache	Prod. def.	Prod. entwurf	Prod. impl.
Programmiersprache			x
Natürliche Sprache	x	x	x
Graphische Sprache	x	x	
Spezifikationssprache	x	x	

Lexikalisch gesehen besteht ein Programm zu 50 % aus Bezeichnern /Carter 82/. Die Namensgebung von Bezeichnern spielt daher bei Programmen eine wichtige Rolle.
Deshalb wird bei Programmiersprachen unterschieden zwischen
- den verwendeten Sprachelementen (exkl. Bezeichnernamen) u.
- der Namensgebung von Bezeichnern.

Bei den natürlichen Sprachen kann grob zwischen
- der Wortwahl und
- der Satzstruktur

differenziert werden.
Für die Klassifikation der Produktmerkmale eignet sich die Orientierung an den verschienenen Sprachtypen.

1. Programmiersprache

1.1 Sprachelemente der Programmiersprache

- GOTO´s meiden.
- Feldgrenzen durch Variable oder manifeste Konstanten definieren.

1.2 Namensgebung von Bezeichnernamen

- Schlüsselworte der Sprache nicht als Namen verwenden.
- Der Bezeichnername enthält Information über den Inhalt und den Zustand des Datums (z.B. geprüfte Artikelnummer).

2. Natürliche Sprache

2.1 Wortwahl

- Begriffe vertraut für den Leserkreis.
- Kurze, aktive Verben verwenden.
- Kurze Worte den langen vorziehen.

2.2 Satzstruktur

- Kurze Sätze.
- Eingeschobene Nebensätze meiden.

3. Spezifikationssprache

- Aussagekräftige Bezeichnernamen.
- Sprechende Wortsymbole.

4. Graphische Sprache am Beispiel von SADT

4.1 Namensgebung in SADT

- Funktionsname enthält starkes Verb.
- Datenname ist aussagekräftiges Substantiv.

4.2 SADT-Sprachelemente

- Rückkopplungpfeile stets für logisch zusammengehörende I/O- bzw. C/O-Pfeile verwenden.

Beispiel:

Gegeben sei das Problem, zu prüfen, ob ein Dreieck ungleichseitig ist.

Bei folgenden drei Sprachformen sind alle anderen Produkteigenschaften konstant, nur die Produktmerkmale der Sprachverwendung variieren.

```
Sprachform a)
if (Wert1 <> Wert2)  and  (Wert2  <>  Wert3)  and  (Wert3  <>
Wert1)
then  Ergebnis := Drei-verschiedene-Werte;

Sprachform b)
if (Seite1 <> Seite2) and (Seite2 <> Seite3) and
   (Seite3 <> Seite1)
then Dreieck := ungleichseitig;

Sprachform c)
if not a = b and not b = c and not c = a
then x := 1;
```

Die Sprachformen a) und b) unterscheiden sich nur hinsichtlich der Variablennamen. Obwohl bei beiden sprechende Namen gewählt wurden, zeichnet sich die Form b) durch problemadäquate Namen aus.

Sprachform c) enthält außer der mangelnden Aussagefähigkeit von Namen die Sprachelemente "Negative Boole´sche Ausdrücke verwendet" und "Mangelnde Verwendung von Klammern".

Abgrenzung:

Da zur Darstellung von Strukturen Sprachelemente verwendet werden, erscheint zum besseren Verständnis eine Abgrenzung der Sprachverwendung gegen die Strukturierung sinnvoll.

Ein Produktmerkmal der Sprachverwendung ist beispielsweise "Verwendung von GOTOs (nach Möglichkeit) meiden". Zur Strukturierung gehört dagegen das Produktmerkmal "Auswahlstrukturen besitzen nur einen Eingang". Zusätzliche Eingänge in Kontrollstrukturen werden in der Regel durch GOTOs realisiert.

Anhand dieses Beispiels wird offensichtlich, daß sich die Sprachverwendung nur damit beschäftigt, welche Sprachelemente verwendet werden (evtl. auf dedizierte Situationen beschränkt), und nicht damit, wie sie verwendet werden.

5.4.4 Visualisierung

Begriffsklärung:

Unter Visualisierung wird die visuelle Aufbereitung von Information verstanden.

Sie beschreibt, wie Informationen angeordnet, wie bestimmte Informationen optisch hervorgehoben, wie Informationen optisch getrennt bzw. vereint und welche Zeichen zur Darstellung verwendet werden.

Die Semantik der dargestellten Information darf dabei nicht verändert werden (z.B. Neuformulierung von Sätzen).

Es dürfen lediglich Zeichen zur optischen Strukturierung (z.B. Spiegelstrich, Leerzeichen) hinzugefügt oder entfernt werden.

Die Visualisierung ist als Ergänzung zur Strukturierung und zur Sprachverwendung zu betrachten.

Korrelation zu vorhandener Literatur:

In den existierenden Ansätzen findet sich keine korrelierende Produkteigenschaft.

Vorhandene Modelle enthalten jedoch vereinzelt Produktmerkmale, die zur Visualisierung gehören. Exemplarisch seien genannt: "Comments set off from code in uniform manner" (self-descriptiveness) /McCall, Matsumoto 80/, "Is there, at most, one executable statement per line of code?" (legibility) /Boehm et al. 78/.

Die geringe Beachtung dieser Eigenschaft in der Literatur spiegelt sich auch in der Praxis wieder. Beispielsweise finden sich noch Computer-Ausdrucke, die ausschließlich in Großschrift erstellt wurden. Erst in den letzten Jahren setzte hier ein Bewußtseinswandel ein, der auch durch die neuen technischen Randbedingungen unterstützt wird.

Definition: Visualisierung
Gesamtheit derjenigen Produktmerkmale, die die visuelle Darstellung von Information bestimmen.

Zuordnung von Produktmerkmalen:
Es lassen sich zwei Arten von Produktmerkmalen unterscheiden. Die eine Art ist allgemeiner Art, die andere bezieht sich auf bestimmte Sprachelemente. Die allgemeinen Produktmerkmale gelten für alle Produkte. Eine Klassifikation der anderen Produktmerkmale erfolgt hier nach den jeweiligen Phasenergebnissen.

1. Allgemeine Produktmerkmale
- Groß- und Kleinschreibung.
- Darstellung von Umlauten.
- Geeigneter Zeilenabstand.
- Angemessene Ränder.

2. Produktdefinition
- Überschriften hervorheben.
- Wichtige Begriffe im Text hervorheben.
- Absätze optisch deutlich trennen.

3. Produktentwurf
- Schlüsselworte hervorheben.

4. Produktimplementierung
- Kommentare deutlich vom Programmcode abgesetzt.
- Quellcode logisch geblockt und eingerückt.

Beispiel:
Das Beispiel ist dem Bereich der Dokumentation entnommen /Balzert 82, S.315/.

Format a)
```
states of stack are
    empty    when  depth = 0,
    normal   when  0 < depth < n,
    full     when  depth = n,
    error    otherwise;
```

Format b)
STATES OF STACK ARE EMPTY WHEN DEPTH=0, NORMAL WHEN 0<DEPTH<N, FULL WHEN DEPTH=N, ERROR OTHERWISE;

Bei der Dokumentation entsprechend dem Format a) wurden die Produktmerkmale "Unterstreichen von Schlüsselworten der Spezifikationssprache", "Groß- und Kleinschreibung", "Aufzählungen durch Untereinanderschreiben und Einrücken hervorgehoben", "Spaltenweise optische Ausrichtung zusammengehörender Elemente" und "Leerzeichen innerhalb von Ausdrücken" verwendet.

5.4.5 Operabilität

Begriffsklärung:
Die Operabilität eines Software-Produkts wird bestimmt durch das Vorhandensein anwendungsneutraler Funktionen (im folgenden Operationen genannt), die das System ausführt. Operationen sind beispielsweise "Plausibilitätsprüfung von Eingabedaten", "Zugangskontrolle zum System mittels dunkelgesteuertem Paßwort" und "Meldung entdeckter Fehler an den rufenden Modul".
Die Operabilität ist nicht zu verwechseln mit der Funktionalität, die durch das Spektrum der anwendungsspezifischen Funktionen eines Software-Systems bestimmt wird.

Korrelation zu vorhandener Literatur:
Korrelierende Produkteigenschaften sind:

Kontrollierbarkeit
Redundanz
----
access audit
access control
completeness /Boehm et al. 78/
operability

Keine der genannten Produkteigenschaften entspricht in vollem Umfang der Operabilität, wie sie oben erläutert ist. Vielmehr werden diese Produkteigenschaften stets unter einem dedizierten Nutzungsaspekt betrachtet. Beispielsweise definiert "access control" denjenigen Teil der Operabilität, der den Zugriffsschutz beeinflußt.

Vorhandene Modelle enthalten zahlreiche Produktmerkmale, die sich der Operabilität zuordnen lassen.
Exemplarisch seien genannt:
"All input is checked before processing begins" (error tolerance) /McCall, Matsumoto 80/, "Modules table driven" (expandability) /McCall, Matsumoto 80/, "Are subscripts range tested before they are used?" (completeness) /Boehm et al. 78/.

Bei der Analyse der Literatur ist zu beachten, daß die Produktmerkmale der Operabilität oft auf verschiedenen Abstraktionsebenen beschrieben sind.
Das folgende Beispiel zeigt die zunehmende Konkretisierung von Produktmerkmalen.
Beispiel: Überprüfung von Eingabedaten
1. Alle Eingabedaten vor der Weiterverarbeitung überprüfen.
2. Eingabedaten prüfen, ob sie im zulässigen Bereich liegen.
3. Numerische Eingabedaten nach dem Prüfziffernverfahren auf Plausibilität prüfen.

Definition: Operabilität
Gesamtheit derjenigen Produktmerkmale, die bestimmen, welche internen Aktionen (Operationen) bei der Abarbeitung einer externen Anforderung durchzuführen sind.

Zuordnung von Produktmerkmalen:
Man kann unterscheiden zwischen Operationen, die an der Benutzerschnittstelle direkt sichtbar sind (externe Operationen), und programmtechnischen Operationen (interne Operationen), die vom Endbenutzer nur mittelbar wahrgenommen werden.

1. Externe Operationen

- Benutzereingaben auf Plausibilität prüfen.
- Benutzerzugänge zum System kontrollieren.
- Zugänge zum System mittels dunkelgesteuerter Paßworteingabe kontrollieren.

2. Interne Operationen

- Recovery von nicht-fatalen internen Fehlern.
- Zugriffe auf Datenbasis kontrollieren.
- Schleifen- und case-Indizes vor der Verarbeitung prüfen.
- Entdeckte Fehler an den rufenden Modul melden.

Abgrenzung:
Zwischen der Operabilität und der Sprachverwendung besteht eine Wechselwirkung, die berücksichtigt werden muß. Bestimmte Sprachelemente erleichtern oder ermöglichen dedizierte Operationen. Beispielsweise ermöglicht das Produktmerkmal "Verwendung möglichst eingeschränkter Subrange-Typen" der Sprachverwendung das Produktmerkmal "Durchführung einer Indexprüfung auf dem Subrange-Typ" der Operabilität.
Der wesentliche Unterschied zwischen beiden Produkteigenschaften ist, daß bei der Sprachverwendung die Sprache als Information betrachtet wird (Welche Sprachelemente werden angewendet?), während bei der Operabilität die mittels der Sprache durchgeführten Operationen wesentlich sind (Wozu, d.h. für welche internen Aktionen, werden die Sprachelemente angewendet?).

5.4.6 Einheitlichkeit

Begriffsklärung:

Die bisher hergeleiteten Produkteigenschaften bestimmen die Struktur der Produkte, den Umfang der Dokumentation, die verwendenten Sprachelemente, die optische Anordnung der Information und die in das Produkt integrierten Operationen. Die Einheitlichkeit bestimmt die einheitliche Anwendung dieser Konzepte.

Eine uneinheitliche Anwendung liegt vor, wenn alternative Produktmerkmale der Strukturierung, des Dokumentationsumfangs, der Sprachverwendung, der Visualisierung und / oder der Operabilität parallel nebeneinander verwendet werden. Beispielweise ist die Fehlerbehandlung eines Software-Produkts uneinheitlich, wenn entdeckte Fehler teilweise an einen allgemeinen Fehlermodul gemeldet und dort behandelt, und teilweise in dem Modul behandelt werden, in dem sie entdeckt wurden.

Die Einheitlichkeit wird i. allg. durch Einhaltung von Standards erreicht. Diese Standards können sowohl produktspezifisch als auch produktübergreifend sein.

Korrelation zu vorhandener Literatur:

Korrelierende Produkteigenschaften sind:

Kompatibilität
Normengerechtigkeit
----
consistency
communications commonality
data commonality

Kompatibilität, communications commonality und data commonality beziehen sich auf die produktübergreifende, consistency auf die produktspezifische Vereinheitlichung. "consistency" steht teilweise auch in Korrelation zur Konsistenz (siehe Abschnitt 5.4.7).

Produktmerkmale dieser Kategorie sind:
"Calling sequence conventions" (consistency) /McCall, Matsumoto 80/, "Are functionally similar arithmetic expressions similarly constructed (e.g., Y = SQRT(X) in one place; Z = Q ** 0.5 in another)?" (consistency) /Boehm et al. 78/, "A naming convention for modules appears to have been used" (consistency) /SMEH 80/, "Protocol standards established and followed" (communications commonality) /McCall, Matsumoto 80/.

Auf eine Trennung bzgl. der produktspezifischen und produktübergreifenden Einheitlichkeit wird hier verzichtet, weil zu beiden Zielen die gleichen Produktmerkmale beitragen können.

Definition: Einheitlichkeit
Gesamtheit derjenigen Produktmerkmale, die die Einheitlichkeit von Software-Produkten bzgl. Struktur, Umfang, Sprachelementen, Format und Operationen bestimmen.

Zuordnung von Produktmerkmalen:
Entsprechend der Definition lassen sich die Produktmerkmale klassifizieren nach:
1. dem Umfang,
2. der Struktur,
3. dem Format,
4. den Sprachelementen und
5. den Operationen.

1. Einheitlicher Umfang
- Jeder Modul enthält einen einheitlichen Kommentarblock mit Angaben zu Programmname, Kurzbeschreibung etc.

2. Einheitliche Struktur
- Einheitliche Aufrufkonventionen.
- Einheitliche Schnittstellen.

3. Einheitliches Format

- einheitliche Anordnung des Quellprogramms, z.B.:

```
if ...                     if
then                       then if ...
  if ...                           then
  then        statt                 ....
    ....                        else ...;
  else
    ....;
```

4. Einheitliche Sprachelemente

- Einheitliche Verwendung von Abkürzungen, Gegenbeispiel: For. , Form., Formul., Frmlr. für Formular.
- Einheitliche Verwendung von Begriffen, die den gleichen Sachverhalt beschreiben;
  Gegenbeispiel: Bild, Maske, Bildschirm, Bildschirmaufbau.
- Einheitliche Kennzeichnung von Modultypen durch Post- oder Präfix, z.B. PRINT-RECHNUNG und PRINT-ANLAGE statt PRINT-RECHNUNG und AUSG-ANLAGE.
- Kennzeichnung von globalen Variablen durch einheitliches Präfix.

5. Einheitliche Operationen

- Einheitliches Fehlerbehandlungskonzept.
- Einheitliche Verwendung von Übertragungsprotokollen.

Produktmerkmale der produktübergreifenden Einheitlichkeit beziehen sich oft auf Schnittstellen zwischen den Produkten.

5.4.7 Konsistenz

Begriffsklärung:

Ein Software-Produkt gelte als konsistent, wenn es in sich stimmig konstruiert ist. Unstimmigkeiten sind sowohl logische Widersprüche als auch fehlende Referenzen zwischen Komponenten eines Produkts.

Ein Produkt setzt sich aus einer Reihe einzelner Komponenten zusammen (z.B. Modul, Anweisung). Das Zusammenwirken wird durch Referenzen geregelt, die sowohl explizit (Modul A ruft Modul B) als auch implizit (Anweisung A ist von Anweisung B erreichbar) sein können.
Fehlende Referenzen sind beispielsweise:
- Modul (nicht Hauptprogramm) wird von keinem anderen Modul gerufen.
- Ein gerufener Modul ist nicht vorhanden.

Ein logischer Widerspruch liegt vor, wenn ein Produkt zwei sich widersprechende Aussagen enthält bzw. sich widersprechende Aussagen daraus ableiten lassen.
Widersprüche sind beispielsweise:
- Produktentwurf realisiert nicht die Produktdefinition.
- Aktuelle und formale Parameterschnittstelle stimmen nicht überein.
- Produktdefinition beschreibt für eine Eingabegröße zwei verschiedene Wirkungsweisen des Systems.

Korrelation zu vorhandener Literatur:

Korrelierende Produkteigenschaften sind:

Konsistenz
completeness
consistency (external consistency)

Produktmerkmale, die sich dieser Produkteigenschaft zuordnen lassen, sind:
"All referenced functions defined" (completeness) /McCall, Matsumoto 80/, "All defined functions used" (completeness) /McCall, Matsumoto 80/, "Does the program contain only one representation for physical or mathematical constants (e.g. not 3.14159 in one place and 3.1416 in another)?" (consistency) /Boehm et al. 78/, "This module´s flow chart represents the logic control flow as shown in this module´s source listing" (external consistency) /SMEH 80/.

Definition: Konsistenz
Gesamtheit derjenigen Produktmerkmale, die bestimmen, inwieweit ein Produkt frei ist von logischen Widersprüchen und/ oder fehlenden Referenzen zwischen Produktkomponenten.

Zuordnung von Produktmerkmalen:
Für die Klassifikation der Produktmerkmale bietet sich eine Ordnung nach Gesamtprodukt und Teilprodukt (Produktdefinition, -entwurf und -implementierung) an.
Daüberhinaus ist eine Ordnung nach
- Umfang,
- Struktur und
- Sprachelementen

sinnvoll.

1. Gesamtprodukt:

1.1 Umfang

- Quittierung jeder Anforderungsnummer der Produktdefinition in Produktentwurf und -implementierung.
- Produktentwurf realisiert Produktdefinition.

1.2 Struktur

- Jedes referenzierte Teilprodukt ist vorhanden.

1.3 Sprache

- Konstanten in allen Teilprodukten eindeutig definiert.

2. Teilprodukt

2.1 Umfang

- Kommentare stimmen mit Quellcode überein.

2.2 Struktur

- Aktuelle und formale Parameterschnittstelle stimmen überein.
- Zu jedem Modulaufruf existiert der zugehörige Modul.
- Jeder Modul wird mindestens einmal aufgerufen.
- Zu jedem "goto" existiert eine Sprungmarke.
- Zu jeder Sprungmarke existiert ein "goto".
- Jede Programm-Anweisung ist formal erreichbar, d.h. es existiert eine Programmkonstellation, bei der die Anweisung erreichbar ist.
- Jede Programmschleife ist formal endlich, d.h. es existiert keine Programmkonstellation, bei der die Schleife nicht terminiert.

2.3 Sprache

- Konstanten eindeutig definiert.
- Für jeden Begriff nur eine Abkürzung verwenden.

Abgrenzung:

... gegenüber Dokumentationsumfang

Beispiel:

Gegeben sei eine Produktdefinition, die u.a. die beiden Kapitel

1. Beschreibung aller Benutzerfunktionen und
2. Beschreibung aller Bildschirmmasken

enthalten soll.

Fehlt das Kapitel über die Bildschirmmasken, wobei auf dieses Kapitel an keiner Stelle bezug genommen wird, so ist der Dokumentationsumfang betroffen.

Fehlt dagegen im Kap. 2 eine Bildschirmmaske, die im ersten Kapitel referenziert wird, liegt eine Inkonsistenz vor.

Ist das zweite Kapitel nicht vorhanden und erhält das Kapitel 1 Referenzen darauf, so sind sowohl Dokumentationsumfang als auch Konsistenz tangiert.

... gegenüber Einheitlichkeit

Beispiel:

Gegeben seien die Definitionen folgender Konstante:

a) PI = 3.1415
b) PI = 3.1416
c) P = 0.31415 * 10

a) und b) erfüllen die Einheitlichkeit, aber nicht die Konsistenz, da die Konstante zwei unterschiedliche Werte besitzt.

a) und c) erfüllen die Konsistenz, doch nicht die Einheitlichkeit, da die Konstante zwei verschiedene Bezeichner besitzt und die Datendeklaration unterschiedlich ist.

5.5 Struktur des Produktmodells

Für das Produktmodell ergibt sich folgende Struktur:

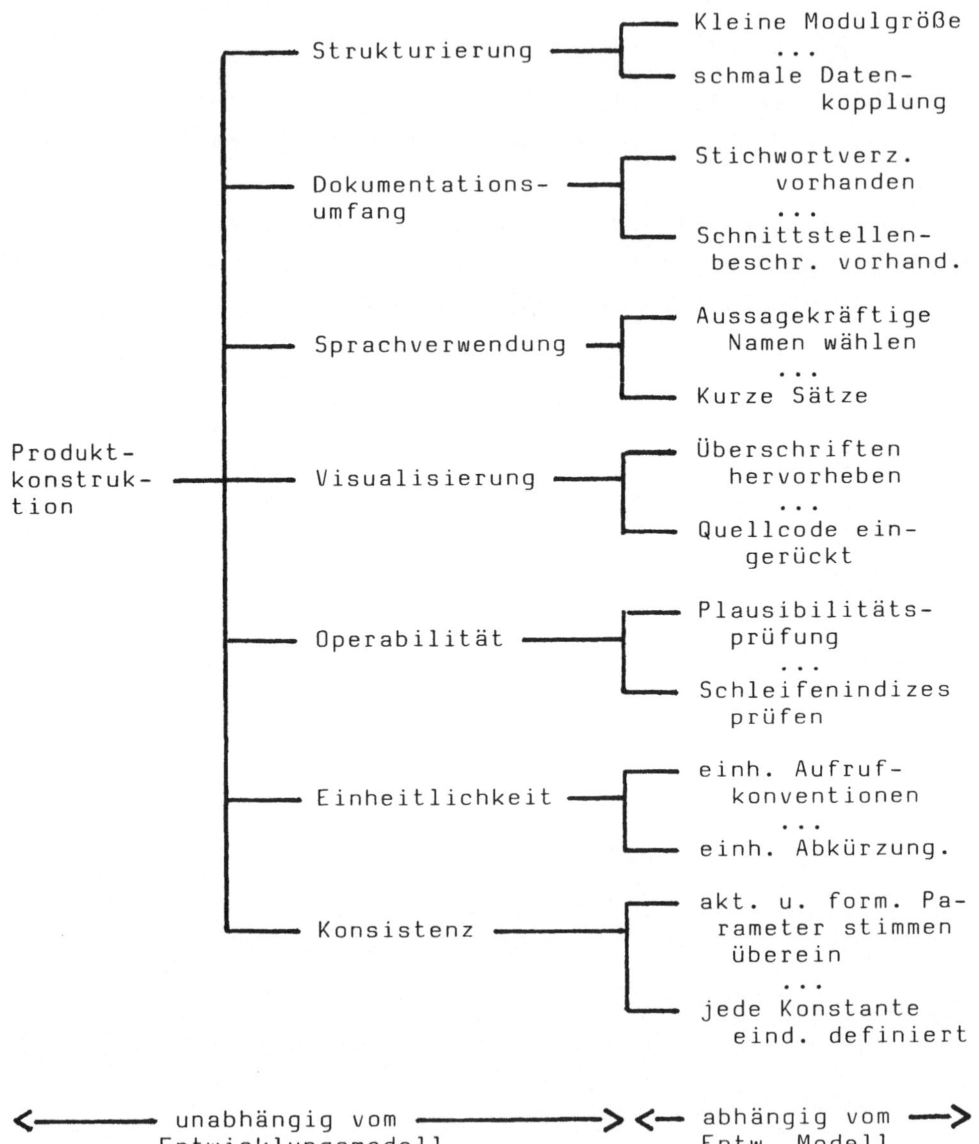

Zwischen den Knoten dieses Baumes liegt eine "Ist-Teil-von-Hierarchie" /Balzert 82/ vor.
Das Produktmodell besteht aus einem entwicklungsmodellabhängigen und einem -unabhängigen Teilmodell. Das Teilmodell der Produkteigenschaften ist vollständig beschrieben. Entsprechend dem technologischen Fortschritt können weitere Produkteigenschaften hinzugefügt werden.
Das Teilmodell der Produktmerkmale ist nur in Auszügen wiedergegeben. Dieses Teilmodell muß in Abhängigkeit von den eingesetzten Sprachen, Methoden, Werkzeugen und Richtlinien jeweils konzipiert werden. Die in diesem Kapitel angegebenen Zuordnungen der Produktmerkmale zu den entsprechenden Produkteigenschaften sind exemplarisch. Sie dienen zur Illustration der Produkteigenschaften und bilden die Ausgangsbasis für die Anpassung des Produktmodells an eine konkrete Entwicklungsumgebung (siehe Kap. 7).

Die verwendeten Sprachen, Methoden, Richtlinien und Werkzeuge bestimmen die Produktmerkmale der Strukturierung, des Dokumentationsumfangs, der Sprachverwendung, der Visualisierung und der Operabilität.
Wie in den Abschnitten 5.4.6 und 5.4.7 gezeigt wurde, sind die Produktmerkmale der Einheitlichkeit und der Konsistenz mittels der oben genannten Produkteigenschaften ableitbar (Abb. 5.1). Auch sie werden durch die eingesetzten Hilfsmittel bestimmt.

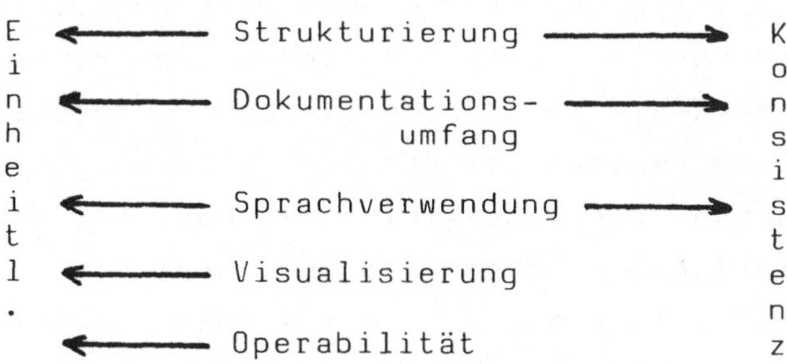

Abb. 5.1 Zur Ableitung von Einheitlichkeit und Konsistenz

6. Relationen zwischen Produkt- und Qualitätsmodell

In den Kapitel 4 und 5 wurden das Qualitäts- und das Produktmodell gesondert hergeleitet. Ziel dieses Kapitels ist nun die Integration beider Modelle zu einem Gesamtmodell durch Angabe der Interrelationen (vgl. Kapitel 3).

6.1 Allgemeine Bemerkungen zur Relationenbildung

Motivation

Die Qualität von Software wird i. allg. vor dem Entwicklungsbeginn aus Nutzersicht festgelegt. Aufgabe der Software-Ersteller ist es das Produkt so zu konstruieren, daß es die geforderte Qualität erfüllt. Dabei reicht es in der Regel nicht aus, dem Entwickler mitzuteilen, welche Qualitätseigenschaften er realisieren soll. Er benötigt vielmehr Richtlinien aus der Sicht der Produktkonstruktion, d.h. sie müssen beschreiben, welche Produktmerkmale zu berücksichtigen sind.
Produktmerkmale beeinflussen die Software-Qualität. Beispielsweise ist weitgehend bekannt, daß eine modulare Programmstruktur die Änderbarkeit von Programmen fördert. Sind diese Zusammenhänge bekannt, so kann man dedizierte Qualitätseigenschaften durch Wahl geeigneter Produktmerkmale gezielt konstruieren. Darüberhinaus kann die Einhaltung der geforderten Qualität entwicklungsbegleitend mittelbar durch Prüfung der Produktmerkmale validiert werden.
Ziel dieses Kapitels ist es, beispielhaft zu demonstrieren, wie man Zusammenhänge dieser Art systematisch klassifizieren kann, und eine Methodik zu deren Herleitung anzugeben.
Die Zusammenhänge werden beschrieben durch die Angabe von Relationen zwischen Produktmerkmalen und Qualitätseigenschaften. Diese Relationen sind vom Typ "hat positiven bzw. negativen Einfluß auf". In kompakter Form werden zusätzlich die Zusammenhänge zwischen Produkt- und Qualitätseigenschaften in der Form "hat Einfluß auf" dargestellt.

Ausgangsbasis

Ausgangsbasis für die Deduktion der Relationen sind einerseits industrielle Praxiserfahrung und andererseits relevante Literatur.
Viele Software-Engineering-Spezialisten und langjährige Software-Entwickler "wissen", wie man Software-Qualität gezielt konstruiert. Dieses Wissen ist oft rein subjektiver Natur und beruht auf der individuellen Erfahrung. In der Regel ist es nur fragmentarisch vorhanden. Dennoch sollte der Wert dieser praktischen Erfahrung nicht unterschätzt werden.

Auf der anderen Seite existieren eine Reihe von Publikationen, die Relationen zwischen dedizierten Produktmerkmalen und Qualitätseigenschaften beschreiben. Einige dieser Relationen wurden durch Experimente validiert. Obwohl eine experimentelle Evaluierung der aufgestellten Relationen zunächst recht vertrauenswürdig erscheint, ist doch eine gewisse Skepsis angebracht. Es ist schwierig, in einer experimentellen Evaluierung der Relationen dedizierte Faktoren konstant zu halten. Ein wichtiger Einflußfaktor, der bei Experimenten beispielsweise berücksichtigt werden muß, stellt die persönliche Erfahrung der Testpersonen dar /Gordon 79, S.80/.
Außerdem ist zu bedenken, daß die Relationen stets in einer konkreten Entwicklungsumgebung ermittelt wurden. Einige Relationen sind nur in dem dedizierten Versuchsfeld gültig, andere besitzen Allgemeingültigkeit.
Die genannten Probleme äußern sich auch darin, daß sich in der Literatur widersprüchliche Aussagen zu den aufgestellten Relationen finden /Gordon 79, S.86/.

Methodik

Aufgabe eines Software-Engineering-Spezialisten ist es, das vorhandene Wissen und die gesammelte Erfahrung systematisch zu klassifizieren und einer Auswertung zugänglich zu machen.

Anhand der persönlichen Erfahrung in der Software-Entwicklung und Software-Qualitätssicherung, sowie Kenntnissen über Methoden, Sprachen und Werkzeuge des Software-Engineering werden Relationen zwischen Produktmerkmalen und Qualitätseigenschaften aufgestellt.
Eine Hilfestellung bildet die Frage "Welche Teilaktivität bzw. welches Kriterium (siehe "Operationalisierung der Qualitätseigenschaft" in Kap. 4) wird durch eine gegebenes Produktmerkmal beeinflußt ?".
Die Erfahrung mehrerer Spezialisten erhöht den Wert dieser Auswertung. Dadurch können aufgestellte Relationen bestätigt oder widerlegt werden.

In einem zweiten Schritt wird evaluiert, inwieweit diese Aussagen durch entsprechende Publikationen gestützt oder widerlegt werden. Darüberhinaus können weitere Produktmerkmale und deren Relationen zur Qualität aus den Publikationen übernommen werden. Diese Relationen sind wiederum anhand der praktischen Erfahrung zu validieren.

Diese Vorgehensweise kann zu durchaus widersprüchlichen Aussagen führen. Es muß dann im Einzelfall entschieden werden, welche Relation für die Qualitätssicherung herangezogen wird. Darüberhinaus sollten alle aufgestellten Relationen nach Möglichkeit in der Praxis auf ihre Aussagefähigkeit überprüft werden.
Wie die Produktmerkmale selbst, so sind auch deren Relationen zu den Qualitätseigenschaften von der Entwicklungsumgebung abhängig. Bei einer Übertragung auf eine andere Umgebung oder einer Änderung der existierenden Entwicklungsumgebung muß der Aussagegehalt der aufgestellt Relationen daher stets überprüft werden.
Um die Fülle der Einzelinformationen übersichtlich darzustellen wird nachfolgendes Schema gewählt.

Dokumentationsschema

Für jede Qualitätseigenschaft werden jeweils alle ermittelten Relationen aufgeführt. Alle beeinflussenden Produkteigenschaften werden in der folgenden Reihenfolge berücksichtigt:

- Einfluß der Strukturierung
- Einfluß des Dokumentationsumfangs
- Einfluß der Sprachverwendung
- Einfluß der Visualisierung
- Einfluß der Operabilität
- Einfluß der Einheitlichkeit
- Einfluß der Konsistenz

Innerhalb jedes Gliederungspunktes erfolgt für Strukturierung, Dokumentationsumfang und Sprachverwendung eine zusätzliche Untergliederung nach dem in Kap. 5 erarbeiteten Muster. Das bedeutet, daß beispielsweise die Strukturierung nach den Strukturierungsarten Modulstruktur, Kontrollstruktur etc. differenziert wird. Diese entwicklungsmodellspezifischen Untergliederungen der Produkteigenschaften werden im folgenden mit "Faktoren" bezeichnet.
Es werden nur jeweils die Faktoren aufgeführt, die in Relation zur Qualitätseigenschaft stehen. Im Anschluß an jede genannte Produkteigenschaft bzw. jeden genannten Faktor erfolgt die Validierung der Zuordnung durch Angabe der Literatur oder durch Erläuterung bzw. Begründung der Praxiserfahrung.

Für jede Qualitätseigenschaft werden alle Produkteigenschaften und ggf. deren detailliertere Faktoren in einer Tabelle aufgeführt, um den Überblick über vorhandene Relationen zu erleichtern.
Diese Tabelle umfaßt die Kategorien "Einfluß" und "kein Einfluß". Die erste Kategorie beinhaltet alle Größen, deren Einfluß auf die Qualitäteigenschaft zuvor belegt wurde. In der zweiten Kategorie werden alle Größen aufgeführt, von denen kein Einfluß bekannt ist. Das bedeutet nicht, daß kein Einfluß vorhanden ist. Die Wissensbasis über die Zusammenhänge von Qualitäts- und Produktmodell ist noch relativ fragmentarisch. Mit ihrer Zunahme müssen evtl. auch die angegebenen Tabellen aktualisiert werden. Besteht zwischen einer Pro-

dukt- und einer Qualitätseigenschaft keine Relation, so wird dies jeweils begründet.

Eine Reihe von Faktoren und Produktmerkmalen beeinflussen mehrere Qualitätseigenschaften. In diesem Fall wird die entsprechende Relation nur einmal beschrieben und anschließend darauf verwiesen.

6.2 Einfluß auf die Qualitätseigenschaften "Entwicklung und Wartung"

Die Qualitätseigenschaften "Entwicklung/Wartung" sind bei einigen Ansätzen sehr unscharf gegeneinander abgegrenzt. Oft werden sie unter der globalen Qualitätseigenschaft Wartbarkeit zusammengefaßt. Teilweise werden zugehörige Produktmerkmale global mit "good programming style" oder "poor software" /House 80/ bezeichnet. Dementsprechend ist die Übernahme von Relationen in das hier beschriebene Modell teilweise problematisch.
Bei den Relationen bzgl. Änderbarkeit, Portabilität, Reparierbarkeit, Kopplungsfähigkeit, Wiederverwendbarkeit und Prüfbarkeit wird vorausgesetzt, das dem Entwickler bzw. Wartungsingenieur die Funktionsweise und die innere Logik des Produkts bekannt ist. Sofern die entsprechenden Aktivitäten nicht vom Entwickler selbst durchgeführt werden, ist folglich Verständlichkeit die Voraussetzung für die genannten Qualitätseigenschaften (vgl. Netz der Qualitätseigenschaften in Kap. 4).

6.2.1 Einfluß auf die Verständlichkeit

Einfluß der Strukturierung

Datenstruktur:
Datenstrukturen sollen nur problemimmanent zusammengehörende Daten enthalten, und keine willkürlichen Datenbündel darstellen. Die problemimmanente Abstraktion erleichtert die schrittweise Einarbeitung und den gezielten Zugriff zur Information.

Kontrollstruktur:
"The control flow is the backbone of a program; to understand the program internal working the structure of its control flow must be understood first" /Laski 79/.

Datenflußstruktur:
Erfolgt in SADT die Zerlegung einer Funktion in max. 6 Teilfunktionen, wobei die Schnittstellen zwischen Funktionen minimiert werden, so wird dadurch ein schrittweises Einarbeiten in eine Problemstellung unterstützt.

Kapitel- und Abschnittsstruktur:
Eine Kapitelstrukturierung der Produktdefinition nach Dialogschnittstelle, Funktionsbeschreibung etc. unterstützt den gezielten Zugriff zur Information.

Modulstruktur:
Hohe Intra- und geringe Intermodulwechselwirkungen (structured design) ermöglichen ein schrittweises Verstehen eines Programms /Stevens 81, S.6/.
Die Bildung von Prozeduren erhöht die Verständlichkeit vor allem im Zusammenhang mit aussagekräftigen Prozedur- und Parameternamen (Sprachverwendung) /Gordon 79, S.86/.
Ein sehr umstrittenes Produktmerkmal ist die Modulgröße /Basili, Perricone 84/. Die Obergrenze für gute Verständlichkeit stellen ungefähr 60 Anweisungen dar. Zu kleine Moduln haben ebenfalls einen negativen Einfluß auf die Verständlich-

keit, da die Anzahl der Moduln dadurch stark erhöht wird /Enos, Van Tilburg 81, S.75/.

Einfluß des Dokumentationsumfangs

Verwaltungsinformation:
/Beckmann 77, S.96/ behauptet, daß "one of the best uses of comments is for backward links from the program code into documentation". Diese Kommentare ermöglichen eine schnelle Lokalisierung von zusammengehörenden Informationen (siehe auch /Boehm 76/).

Systeminformation der Produktdefinition:
Die aus Benutzersicht erstellte Dokumentation erleichtert die Einarbeitung in ein Produkt, da sie von allen technischen Details abstrahiert.

Systeminformation des Produktentwurfs:
Das Vorhandensein einer funktionalen Modulspezifikation erleichtert die Einarbeitung in die Modulimplementierung, weil sie von Implementierungsdetails abstrahiert.

Systeminformation der Produktimplementierung:
/Berry 75/ beschreibt eine Art der Programmdokumentation, die nach dem Prinzip der Schrittweisen Verfeinerung erstellt wird. Seiner Meinung nach fördert sie die Verständlichkeit weit besser als die Dokumentation mittels verbaler Beschreibung, Flußdiagrammen und vereinzelten Programmkommentaren.
Zu jedem Programm und jedem Modul soll ein Kommentarblock erstellt werden, der Informationen über seinen Zweck, seine externen Schnittstellen und seine interne Ablauflogik enthält /Elshoff, Marcotty 82, S.513/.
Ein Übermaß an Kommentaren kann einen negativen Einfluß auf die Verständlichkeit ausüben. /Shneiderman 77, S. 270/ schlägt für jeden Programmblock von 15 bis 30 Zeilen ca. 4 bis 5 Kommentarzeilen vor.

Einfluß der Sprachverwendung

Programmiersprache (Sprachelemente):

Welche Sprachelemente einer Programmiersprache die Verständlichkeit fördern ist nicht einheitlich belegt. /Weinberg et al. 75/ warnt vor der unbeschränkten Verwendung des IF THEN ELSE, da diese Konstruktion die Komplexität erhöht und damit die Verständlichkeit mindert. /Gordon 79, S.80/ hat demgegenüber ermittelt, daß eine IF THEN ELSE-Konstruktion verständlicher ist als ein IF GOTO.

Teilweise kann die Frage, ob ein Produktmerkmal positiven oder negativen Einfluß ausübt, nicht allgemein beantwortet werden. Die Verwendung von GOTOs wirkt i. allg. der Verständlichkeit entgegen /Gordon 79, S.86/. Es gibt jedoch Fälle, in denen sich eine Problemstellung mit Hilfe eines GOTO´s verständlicher darstellen läßt /Gordon 79, S.89/.

Programmiersprache (Bezeichnernamen):

/Grogono 79, S.38/ behauptet, daß "the choice of identifiers affects the readability of a program more than any other factor".

Lange, sinnvoll gewählte Bezeichnernamen fördern die Verständlichkeit nach /Shneiderman 77, S. 269/ weit mehr als Ein- oder Zwei-Buchstaben-Bezeichnernamen.

Natürliche Sprache (Wortwahl):

"computer jargon", d.h. eine DV-spezifische Wortwahl wirkt der Verständlichkeit eines Benutzerhandbuchs entgegen /Grimm 82, S.2/.

Natürliche Sprache (Satzstruktur):

/Schneider 83, S.81ff/ beschreibt, wie verständliche Sätze zu konstruieren sind.

Spezifikationssprache / Graphische Sprache:

Als Beispiel seien folgende SADT-Produktmerkmale genannt. "Funktionsname ist starkes Verb" und "Verwendung anwendungsspezifischer Abkürzungen". Diese Produktmerkmale erleichtern die Einarbeitung in die SADT-Diagramme.

Einfluß der Visualisierung

/Sheppard et al. 81/ variieren bei natürlicher Sprache, Pseudocode und Flußdiagrammen jeweils die Visualisierung ("spatial arrangement") in eindimensionaler, zweidimensionaler und hierarchischer Anordnung. Die durchgeführten Experimente ergeben, daß die zweidimensionale und die hierarchische Anordnung die Verständlichkeit jeweils besser unterstützen.

Die Strukturen eines Programms können leichter erfaßt werden, wenn sie durch ein entsprechendes Format (pretty printing) unterstützt werden /Hueras, Ledgard 77/. Eine Verbindung zusammengehörender Anfangs- und Ende-Schlüsselwörter durch eine senkrechte Linie verstärkt diesen Effekt /Ramsdell 79/. /Martin, McClure 83, S.87/ berichten über ein Experiment, bei dem einfaches Formatieren des Programmcodes die Verständlichkeit mehr verbessert hat als komplizierte Strukturierungstechniken.

Moduln sind durch eine Leerzeile oder einen Seitenwechsel optisch zu trennen /Elshoff, Marcotty 82, S. 513/.

Die einfache Technik des Schattendrucks von Schlüsselwörtern macht Kontrollstrukturen sichtbarer und leichter nachvollziehbar /Clifton 78/.

Einfluß der Einheitlichkeit

"Reading will be easier and quicker if every similar situation has a similar presentation" /Grimm 82, S.61/.

Beispielsweise hat die einheitliche Wahl und Verwendung von Bezeichnernamen einen positiven Einfluß auf die Verständlichkeit /Carter 82/.

Ein einheitliches Format ("indentation, key word positioning and logical grouping") unterstützt entscheidend die Verständlichkeit. Die Einheitlichkeit des Formats ist von größerer Bedeutung als die Visualisierung selbst /Elshoff, Marcotty 82/.

Einige Programmiersprachen erlauben eine Vielfalt von syntaktischen Formen, um dieselbe Deklaration oder denselben Befehl zu formulieren (z.B. COBOL´s PIC, PICTURE und

PICTURES). Jede dieser Formen ist gleich gut geeignet, aber die gleichzeitige Verwendung verschiedener Formen nebeneinander verschlechtert die Verständlichkeit /Shneiderman 77, S. 271/.

Einfluß der Konsistenz

Um Mißverständnisse zu vermeiden, sollte eine Abkürzung nur für einen Begriff verwendet werden /Carter 82/.

Verständlichkeit	
Einfluß	kein Einfluß
** Strukturierung **	
Datenstruktur Kontrollstruktur Datenflußstruktur Kapitelstruktur Modulstruktur	Overlay-Struktur
** Dokumentationsumfang **	
** Sprachverwendung **	
** Visualisierung **	
	** Operabilität **
** Einheitlichkeit **	
** Konsistenz **	

Keinen Einfluß übt die Operabilität auf die Verständlichkeit aus. Wie leicht ein Leser bestimmte Operationen versteht hängt in erster Linie von deren geeigneter Dokumentation, deren Struktur und den verwendeten Sprachelementen ab.

6.2.2 Einfluß auf die Änderbarkeit

Einfluß der Strukturierung

Datenstruktur:

Eine Strukturierung der Daten nach problemimmanenten Gesichtspunkten reduziert die Anzahl der von einer Änderung betroffenen Stellen.

Kontrollstruktur:

Wie für die Verständlichkeit sind die Kontrollstrukturen auch für die Änderbarkeit von zentraler Bedeutung /Munson 81/, /Jensen 81/.

Datenflußstruktur:

Willkürliches Bündeln von Daten kann die Anzahl der im Falle einer Änderung betroffenen Datenflüsse erhöhen.

Kapitel- und Abschnittsstruktur:

Seitennummern, die sich aus Kapitel-/Abschnittsnummer, Seitennummer innerhalb eines Abschnitts und Versionsnummer zusammensetzen unterstützen die Änderbarkeit /Grimm 82, S.57/.

Modulstruktur:

Bei starken Intra- und geringen Intermodulwechselwirkungen muß weniger Code betrachtet werden, um Änderungen zu implementieren, können Änderungen Schritt für Schritt durchgeführt werden und werden Nebeneffekte von Änderungen reduziert /Stevens 81, S.6/.

/Parnas 79/ betont, daß jede Entwurfsentscheidung, die sich zukünftig ändern könnte, in einem Modul zu verkapseln ist, d.h. sie darf an der Modulschnittstelle nicht sichtbar sein. Ist das Programm auf eine solche Weise in Moduln strukturiert, daß Redundanz von Programmcode (Duplikate) vermieden wird, so wird die Änderbarkeit gefördert /Martin, McClure 83, S. 65/.

Overlay-Struktur:
Die gewählte Overlay-Struktur muß Erweiterungen ermöglichen, ohne daß eine Umstrukturierung notwendig ist (sinngemäß nach /Martin, McClure 83, S. 65/).

Einfluß des Dokumentationsumfangs

Verwaltungsinformation:
Analog Verständlichkeit.

Systeminformation der Produktdefinition:
Der Umfang der Produktdefinition bestimmt, ob der Entwickler bzw. Wartungsingenieur alle notwendigen Informationen erhält, um die Auswirkungen einer Änderung zu überblicken.

Systeminformation des Produktentwurfs:
/Munson 81, S.108/ fordert, alle Intermodulkommunikationen zu spezifizieren. Dadurch können die Auswirkungen von Änderungen leichter überblickt werden.

Systeminformation der Produktimplementierung:
Kommentare sollen die Programmierlogik beschreiben /Munson 81, S.108/. Enthalten diese Beschreibungen Hinweise auf vorhandene Abhängigkeiten innerhalb des Programms, so tragen sie dazu bei, die Auswirkungen von Änderungen besser zu überblicken.
Der Programmcode soll weitgehend selbstdokumentierend sein, d.h. Kommentare sollen nur dort verwendet werden, wo sie unbedingt notwendig sind; sonst müssen Programmcode und Dokumentation geändert werden /Willmer, Balzert 84/.

Einfluß der Sprachverwendung

Programmiersprache (Sprachelemente)
Um die Änderbarkeit zu fördern, sind selbstmodifizierender Code und absolute oder relative Adressierung zu vermeiden. Ebenso ist auf das GOTO zu verzichten /Munson 81, S.106/.
Diese Sprachkonstrukte erschweren es, die Auswirkungen einer Änderung zu überblicken und erhöhen evtl. die Anzahl der zu ändernden Stellen.

Literale sind bei arithmetischen Ausdrücken, logischen Ausdrücken, Größen von Tabellen bzw. Arrays, und Ein-/ Ausgabegeräte-Bezeichnern zu vermeiden /Martin, McClure 83, S. 65/.

Einfluß der Visualisierung

Da eine geeignete Visualisierung die Lokalisierung der Information unterstützt, gelten die bei "Verständlichkeit" beschriebenen Relationen.

Einfluß der Operabilität

Erfahrungen haben gezeigt, daß die Benutzerschnittstelle am häufigsten zu ändern ist. Zur Minimierung des Änderungsaufwandes können "table-driven"-Programmiertechniken und Parametersteuerung von Bildschirmformaten beitragen /Munson 81, S.105/.

Ä n d e r b a r k e i t	
Einfluß	kein Einfluß
** Strukturierung **	
** Dokumentationsumfang **	
** Sprachverwendung ** Progr.spr. (Sprachelem.)	Progr.Spr. (Namen) Natürl. Sprache (Wortwahl) Natürl. Sprache (Satzstr.) Spezif./Graph. Sprache
** Visualisierung **	
** Operabilität **	
	** Einheitlichkeit **
	** Konsistenz **

Ein Einfluß der Einheitlichkeit und Konsistenz auf die Änderbarkeit liegt nicht vor. Sie beeinflussen zwar die Einarbeitung in das Produkt; diese Tätigkeit wird jedoch durch die Verständlichkeit bewertet. Voraussetzung für die Lokalisierung und Durchführung einer Änderung ist das Verstehen des Produkts (vgl. 4.5.2).

6.2.3 Einfluß auf die Portabilität

Einfluß der Strukturierung

Kapitel-/Abschnittsstruktur:

Bezüge zur Systemliteratur sollen auf wenige Stellen konzentriert sein (vgl. Modulstruktur).

Modulstruktur:

Die Einhaltung des Geheimnisprinzips, wobei die Maschinenabhängigkeiten im Sinne von /Parnas 79/ als Entwurfsentscheidungen betrachtet werden, erhöht die Portabilität.
Kommunizieren Moduln mit anderen Moduln nur über Parameterschnittstellen, so erleichtert dies ihren Austausch gegen andere Moduln.
Die Schnittstellen zum Betriebssystem sollen (durch geeignete Modularisierung) minimiert werden /Martin, McClure 83, S. 68/.
Portabilität erreicht man u.a. durch geeignete Programmstrukturierung mit klaren Schnittstellen zu Betriebssystem und Datenbank bzw. Dateiverwaltung sowie zentraler Definition von Umgebungsparametern (z.B. in einem Makro) /Zimmermann 78/.

Einfluß des Dokumentationsumfangs

Für jede Art von Systemdokumentation gilt:

Die Dokumentation soll generell wenige Referenzen auf Systemhandbücher enthalten; stattdessen soll das Produkt alle notwendigen Informationen selbst beinhalten /Sommerville 82/.

Systeminformation des Produktentwurfs:

Eine explizite Begründung der gewählten Modulstruktur unter Berücksichtigung der vom Grundsystem abhängigen Komponenten erleichtert deren Lokalisierung.

Systeminformation der Produktimplementierung:
Maschinenabhängige Anweisungen müssen durch Kommentare gekennzeichnet sein /Boehm et al. 78, S.4-13/.
Spezielle Repräsentationen von alphanumerischen Zeichen oder Sonderzeichen müssen dokumentiert werden /Martin, McClure 83, S. 68/.

Einfluß der Sprachverwendung
Programmiersprache (Sprachelemente)
Die Beschränkung auf systemunabhängige Standardsprachelemente fördert die Portabilität ("Sprachkompatibilität"), sofern der Standard genügend Verbreitung besitzt /Witt, Schuchmann 78, S.82/.

Einfluß der Operabilität
Ein Programm, das seine Speicherbereiche selbst initialisiert (anstatt eine Initialisierung des Laufzeitsystems auszunützen), besitzt eine höhere Portabilität /Boehm et al. 78, S.4-14/.

Portabilität	
Einfluß	kein Einfluß
** Strukturierung **	
	Datenstruktur
	Kontrollstruktur
	Datenflußstruktur
Kapitelstruktur	
Modulstruktur	
	Overlay-Struktur
** Dokumentationsumfang **	
	Verwaltungsinformation
Syst.info. Prod.def.	
Syst.info. Prod.entw.	
Syst.info. Prod.impl.	
** Sprachverwendung **	
Progr.spr.(Sprachele.)	
	Progr.spr. (Namen)
	Natürl.Sprache (Wortwahl)
	Natürl.Sprache (Satzstr.)
	Spezif./Graph.Sprache
	** Visualisierung **
** Operabilität **	
	** Einheitlichkeit **
	** Konsistenz **

Ein Einfluß von Einheitlichkeit und Konsistenz liegt aus den in Abschnitt 6.2.2 genannten Gründen nicht vor. Der Einfluß der Visualisierung wird gegenüber anderen Einflußfaktoren als sekundär betrachtet.

Die angegebenen Relationen setzen voraus, daß das Software-Produkt auf ein "vergleichbares" Grundsystem übertragen wird. Erfolgt die Portierung dagegen von einem Großrechner auf einen Mini-Computer, so muß zusätzlich die System-Struktur darauf abgestimmt werden /Ling 80, S. 149/. Vollständige Angaben zu den Produktmerkmalen sind daher nur möglich, wenn das zukünftige Grundsystem bekannt ist.

6.2.4 Einfluß auf die Reparierbarkeit

Einfluß der Strukturierung

Kontrollstruktur:

Analog zur Änderbarkeit nach /Munson 81/.

Geeignete Kontrollstrukturen erleichtern die Nachvollziehbarkeit der Ablauflogik, und reduzieren somit den Aufwand für die Lokalisierung eines Fehlers.

Nach /Gilb 79, S. 92/ fördert "program logical structure shall be forward flow, no backward GOTOs" die Reparierbarkeit.

Kapitel- und Abschnittsstruktur:

Analog zur Änderbarkeit.

Modulstruktur:

Besteht ein Programm aus kleinen Prozeduren (Moduln), so kann der Entwickler bzw. der Wartungsingenieur schnell die betreffende Prozedur lokalisieren, die mit bekannten Eingabedaten falsche Ausgaben erzeugt /Compton 80/.

/Gilb 79, S. 92/ betrachtet 50 LOC (Lines of Code) als Obergrenze für einen leicht reparierbaren Modul.

Einfluß des Dokumentationsumfangs

Verwaltungsinformation:

Analog Verständlichkeit. Durch Markierung und Quittierung aller Anforderungen können Querbeziehungen zwischen Phasenprodukten leichter hergestellt werden.

Nach der Inbetriebnahme eines Programms soll für jede Modifikation ein "modification record" angelegt werden, der Information über die Art, die Ursache, den Autor und das Datum der Modifikation enthält. Da Modifikationen oft Fehler zur Folge haben, kann dieser "modification record" sehr nützlich sein, diese Fehler zu lokalisieren /Ledgard, Cave 76, S. 602 f./.

Einfluß der Sprachverwendung

Programmiersprache (Sprachelemente)

Die intensive Verwendung von Auswahlanweisungen (IF,CASE) erhöht den Reparieraufwand /Feuer, Fowlers 79, S.354/.

Einfluß der Visualisierung

Analog zur Verständlichkeit.

Reparierbarkeit	
Einfluß	kein Einfluß
** Strukturierung **	
	Datenstruktur
Kontrollstruktur	
	Datenflußstruktur
Kapitelstruktur	
Modulstruktur	
	Overlay-Struktur
** Dokumentationsumfang **	
Verwaltungsinformation	
	Syst.info. Prod.def.
	Syst.info. Prod.entw.
	Syst.info. Prod.impl.
** Sprachverwendung **	
Progr.spr. (Sprachelem.)	
	Progr.spr.(Namen)
	Natürliche Sprache
	Spezif./Graph.Sprache
** Visualisierung **	
	** Operabilität **
	** Einheitlichkeit **
	** Konsistenz **

Ein Einfluß der Einheitlichkeit und Konsistenz liegt nicht vor, wobei die in Abschnitt 6.2.2 genannten Gründe analog gelten.

Obwohl zwischen Änderungen und Reparaturen viele Parallelen existieren, übt die Operabilität auf die Reparierbarkeit - im Gegensatz zur Änderbarkeit - keinen Einfluß aus. Durch geeignete Operationen (z.B. Parametersteuerung) können Änderungen erleichtert werden, da aufgrund von Erfahrungen angegeben werden kann, welche Produktkomponenten sich mit einer gewissen Wahrscheinlichkeit zukünftig ändern. Bei Reparaturen ist wegen der Zufälligkeit der Fehler keine entsprechende Vorhersage möglich.

6.2.5 Einfluß auf die Kopplungsfähigkeit

Einfluß der Strukturierung

Modulstruktur:

Anwendung des Geheimnisprinzips, wobei alle potentiellen Schnittstellen zu anderen Systemen im Sinne von /Parnas 79/ als Entwurfsentscheidungen aufzufassen sind.

Einfluß des Dokumentationsumfangs

Systeminformation der Produktdefinition:

/McCall, Matsumoto 80/ nennen als relevantes Produktmerkmal die Beschreibung der Schnittstellen zu anderen Systemen.

Einfluß der Einheitlichkeit

Die Einhaltung von Schnittstellenstandards erleichtert die spätere Verbindung mit anderen Software-Produkten /McCall, Matsumoto 80/.

K o p p l u n g s f ä h i g k e i t	
Einfluß	kein Einfluß
** Strukturierung **	
	Datenstruktur
	Kontrollstruktur
	Datenflußstruktur
	Kapitelstruktur
Modulstruktur	
	Overlay-Struktur
** Dokumentationsumfang **	
	Verwaltungsinformation
Syst.inf. Prod.def.	
	Syst.inf. Prod.entw.
	Syst.inf. Prod.impl.
	** Sprachverwendung **
	** Visualisierung **
	** Operabilität **
** Einheitlichkeit **	
	** Konsistenz **

Keinen Einfluß übt die Konsistenz auf die Kopplungsfähigkeit aus, wobei die in Abschnitt 6.2.2 genannten Gründe analog gelten.
Der Einfluß von Sprachverwendung, Visualisierung und Operabilität ist gegenüber den anderen Produkteigenschaften von sekundärer Bedeutung.

6.2.6 Einfluß auf die Wiederverwendbarkeit

Einfluß der Strukturierung

Modulstruktur:

Funktional gebundene Moduln können mit hoher Wahrscheinlichkeit bei anderen Software-Entwicklungen wiederverwendet werden /Stevens 81, S.6/.

Kommuniziert ein Modul mit anderen Moduln ausschließlich über Parameterschnittstellen, so kann er leicht aus der vorhandenen Umgebung isoliert und in eine neue integriert werden.

Einfluß des Dokumentationsumfangs

Verwaltungsinformation:

Siehe Systeminformation des Produktentwurfs (/Gustafson, Kerr 82/).

Systeminformation des Produktentwurfs:

Die funktionale Spezifikation eines Moduls ist die Voraussetzung für dessen Wiederverwendbarkeit /Basili, Perricone 84, S.43/. Die funktionale Spezifikation sollte Informationen darüber enthalten "what a module is, what it does, how it works, and how to use it" /Spector 83/.

/Gustafson, Kerr 82, S. 8/ fordern folgende Minimal-Dokumentation für wiederverwendbare Moduln: Erläuterung des Aufrufs anhand eines Beispiels, kurze Beschreibung des Zwecks, Restriktion bzgl. korrekter Anwendung, Warnungen bzgl. bekannter Fehler etc., benötigte Moduln, Erläuterung von Typ und Zweck aller Parameter, kurze Erläuterung komplexer Algorithmen, Name des Programmierers und Aufzeichnung aller Modifikationen.

Einfluß der Visualisierung

Analog Verständlichkeit.

W i e d e r v e r w e n d b a r k e i t	
Einfluß	kein Einfluß
** Strukturierung **	
	Datenstruktur
	Kontrollstruktur
	Datenflußstruktur
	Kapitelstruktur
Modulstruktur	
	Overlay-Struktur
** Dokumentationsumfang **	
Verwaltungsinformation	
	Syst.info. Prod.def.
Syst.info. Prod.entw.	
	Syst.info. Prod.impl.
	** Sprachverwendung **
** Visualisierung **	
	** Operabilität **
	** Einheitlichkeit **
	** Konsistenz **

Einheitlichkeit und Konsistenz üben keinen Einfluß aus, wobei die in Abschnitt 6.2.2 genannten Gründe analog gelten. Der Einfluß von Sprachverwendung und Operabilität wird gegenüber den beeinflussenden Produkteigenschaften als sekundär angesehen.

6.2.7 Einfluß auf die Prüfbarkeit

Einfluß der Strukturierung

Kontrollstruktur:

Die Strukturierung des Kontrollflusses (Verschachtelungstiefe, Sprünge in und aus Schleifen) bestimmt, wie leicht die Ablauflogik nachvollzogen werden kann (Inspektion) und wie leicht eine Testüberdeckung erreicht werden kann.

Kapitel- und Abschnittsstruktur:

Die Behandlung möglichst abgeschlossener Themen in einzelnen Kapiteln fördert die weitgehend unabhängige Überprüfung jedes Kapitels.

Modulstruktur:

Hohe Intra- und geringe Intermodulwechselwirkungen ermöglichen ein schrittweises Testen und erleichtern dadurch den Testprozeß /Stevens 81, S.6/.
Eine Voraussetzung für die ökonomische Integration eines Moduls in seine Testumgebung ist die Parameterschnittstelle.
Eine weitere Einflußgröße stellt die Modulgröße dar /Myers 76, S.95/; sie besitzt jedoch nach /Enos, Van Tilburg 81/ nicht dieselbe Einflußintensität wie die Modulbindung. Erfolgt der Test eines Moduls mit Hilfe eines Testwerkzeugs, so kann die Modulgröße wieder an Bedeutung gewinnen. Sie ist in diesem Fall so zu wählen, daß der Modul zusammen mit seinem Testrahmen die Speicherkapazität nicht übersteigt.

Einfluß des Dokumentationsumfangs

Verwaltungsinformation:

Analog Verständlichkeit.
Um insbesondere nach Reparaturen die Korrektheit sicherzustellen, fordert /Gilb 79/, daß für je 10 Anweisungen eine Zusicherung ("assertion statement") eingefügt wird.

Systeminformation der Produktdefinition:
Das Vorhandensein aller notwendigen Informationen ist eine wichtige Voraussetzung für den System- und Abnahmetest.

Systeminformation des Produktentwurfs:
Die Modulspezifikation bildet eine wichtige Voraussetzung für den (black box) Modultest.

Systeminformation der Produktimplementierung:
Bei Moduln, die eine Datenabstraktion oder einen abstrakten Datentyp realisieren, muß dokumentiert sein, wie das Gedächtnis zu initialisieren ist. Ist diese Information nicht dokumentiert, muß sie aus dem Programm gewonnen werden, was den funktionalen Modultest erschwert.

Einfluß der Sprachverwendung

Programmiersprache (Sprachelemente):
Die Verwendung bestimmter Sprachelemente, z.B. GOTO oder EQUIVALENCE (COBOL) kann das Nachvollziehen der Ablauflogik eines Programms bei Inspektion bzw. Schreibtischtest erschweren.

Einfluß der Visualisierung

Analog zur Verständlichkeit

Prüfbarkeit	
Einfluß	kein Einfluß
** Strukturierung **	
	Datenstruktur
Kontrollstruktur	
	Datenflußstruktur
Kapitelstruktur Modulstruktur	
	Overlay-Struktur
** Dokumentationsumfang **	
** Sprachverwendung ** Progr.spr. (Sprachelem.)	
	Progr.spr. (Namen) Natürliche Sprache Spezif./Graph.Sprache
** Visualisierung **	
	** Operabilität **
	** Einheitlichkeit **
	** Konsistenz **

Einheitlichkeit und Konsistenz üben keinen Einfluß auf die Prüfbarkeit aus. Analog wie in Abschnitt 6.2.2 gilt auch hier, daß sie zwar die Einarbeitung in das Produkt beeinflussen; diese Tätigkeit wird jedoch durch die Verständlichkeit bewertet. Ein Einfluß der Operabilität auf die Prüfbarkeit ist nicht erkennbar.

Die Einflußintensität der verschiedenen Produktmerkmale hängt davon ab, ob die Prüfung in Form einer Inspektion oder eines Programmtests ausgeführt wird. Beim Programmtest muß wiederum differenziert werden, ob eine geeignete Testumgebung zur Verfügung steht oder nicht.

6.3 Einfluß auf die Qualitätseigenschaften "Anwendung"

6.3.1 Einfluß auf die Effizienz

Einfluß der Strukturierung

Datenstruktur:

Wird hohe Laufzeiteffizienz gefordert, so sind Daten so zu strukturieren, daß möglichst wenige Zugriffe auf den Sekundärspeicher erforderlich sind /McCall, Matsumoto 80/.
/Babad 77/ gibt eine Datei-Strukturierung an, die unter den Gesichtspunkten von minimaler Zugriffszeit und -kosten konzipiert ist.

Kontrollstruktur:

Um die Laufzeit-Effizienz zu optimieren sind Auswahlstrukturen so zu codieren, daß im Mittel eine minimale Anzahl von Abfragen und Zweigen bei der Ausführung durchlaufen werden müssen /McCall, Matsumoto 80/.
Wiederholungsstrukturen, d.h. Programmschleifen sind so zu codieren, daß der Programmrumpf keinen invarianten Programmcode enthält /Martin, McClure 83, S. 69/.

Modulstruktur:

/Stevens 81, S.189/ behauptet, daß ein nach "structured design" entworfenes Programm geringfügig weniger Ausführungszeit benötigt als ein nichtmodulares Programm. Ebenso wird Speicherplatz eingespart, da Kopieren von Funktionen vermieden wird, auf Schalter verzichtet werden kann und der Code weniger komplex ist.

Overlay-Struktur:

/Cary 76/ beschreibt Techniken für die Strukturierung von BASIC-Programmen in Overlays. Eine Overlay-Struktur, die mehrere Kopien derselben Funktion enthält, verschwendet Speicherplatz auf der Platte.
Bei der Overlay-Strukturierung besteht in der Regel ein Konflikt zwischen der Arbeitsspeicher- und Laufzeiteffizienz,

da die sparsame Verwendung von Arbeitsspeicher viele Nachladeprozesse nach sich zieht.

Einfluß der Sprachverwendung

Programmiersprache (Sprachelemente)

Programme, die kein GOTO enthalten und sich ausschließlich auf die Elemente der Strukturierten Programmierung beschränken, können u.U. sehr groß und sehr langsam werden /DeMillo et al. 76, S.10/.

Bei virtueller Speicherverwaltung sollte der Gebrauch von selbstmodifizierendem Code reduziert werden, da er zu unnötig vielen Seitenwechseln führen kann /Holton 75/.

Wo immer möglich soll statt der Fließpunktarithmetik die Ganzzahlarithmetik gewählt werden /Martin, McClure 83, S. 69/.

Einfluß der Operabilität

/Mehlhorn 77/ zeigt, wie die Speicher- und Laufzeiteffizienz durch Wahl geeigneter Algorithmen (Sortieralgorithmen, Suchalgorithmen etc.) beeinflußt werden können.

Die Wahl geeigneter Operationen ist nicht trivial. Wird eine Datenbasis ständig aktualisiert, so kann die Zugriffszeit anwachsen und Speicher verschwendet werden. Durch Reorganisationsläufe wird diese Verschwendung reduziert; dafür benötigt die Reorganisation selbst eine gewisse Laufzeit. /Maruyana, Smith 76/ stellen ein Verfahren vor, um die optimalen Operationen für eine effiziente Speicherorganisation zu ermitteln.

Statt langsamen sind schnelle arithmetische Operationen zu wählen (z.B. I+I schneller als 2*I) /Martin, McClure 83, S. 69/.

Einfluß der Konsistenz

Durch nicht erreichbare Anweisungen oder Moduln wird Speicherplatz verschwendet.

Effizienz	
Einfluß	kein Einfluß
** Strukturierung **	
Datenstruktur Kontrollstruktur	
	Datenflußstruktur Kapitelstruktur
Modulstruktur Overlay-Struktur	
	** Dokumentationsumfang **
** Sprachverwendung **	
Progr.spr.(Sprachelem.)	
	Progr.spr.(Namen) Natürliche Sprache Spezif./Graph.Sprache
	** Visualisierung **
** Operabilität **	
	** Einheitlichkeit **
** Konsistenz **	

Der Dokumentationsumfang und die Visualisierung haben keinen Einfluß, da sie nur die Darstellung des Produkts für den Entwickler und nicht dessen interne Repräsentation im Rechner betreffen. Die Einheitlichkeit übt keinen Einfluß aus, da nur die Wahl der Struktur, der Sprachelemente und der Operationen, aber nicht deren einheitliche Verwendung, die Effizienz tangieren.

6.3.2 Einfluß auf den Zugriffsschutz

Einfluß der Operabilität

/McCall, Matsumoto 80/ führen eine Reihe von Operationen auf, die einen Einfluß auf den Zugriffsschutz ausüben. Dazu gehören u.a. "User I/O access controls provided (ID's, passwords)" und "Provisions for recording and reporting access". /Gudes 80/ beschreibt kryptographische Verfahren, um sicherungswürdige Daten vor unerlaubtem Zugriff zu schützen (access control).

Zugriffsschutz	
Einfluß	kein Einfluß
	** Strukturierung **
	** Dokumentationsumfang **
	** Sprachverwendung **
	** Visualisierung **
** Operabilität **	
	** Einheitlichkeit **
	** Konsistenz **

Der Zugriffsschutz wird ausschließlich durch Reaktionen (interne Aktionen) des Software-Systems auf Zugriffe bestimmt. Alle anderen Produkteigenschaften haben daher keinen Einfluß.

6.3.3 Einfluß auf die Korrektheit

Die Korrektheit nimmt eine gewisse Sonderrolle beim Aufstellen der Relationen ein.
Direkt wird die Korrektheit nur von der Konsistenz beeinflußt. Dazu gehören einerseits Produktmerkmale, die Fehlersituationen beschreiben ("All defined and referenced calling sequence parameters agree") oder sie können potentielle Fehlerquellen darstellen ("Unambiguous references").

Darüberhinaus tragen auch alle Produktmerkmale, die einen positiven Einfluß auf die Verständlichkeit haben, dazu bei, die Korrektheit ökonomisch zu realisieren. Je transparenter ein Produkt konstruiert ist, desto geringer ist die Wahrscheinlichkeit, daß bei der Erstellung oder bei nachträglichen Modifikationen Fehler gemacht werden (Prinzip der maximalen konstruktiven Voraussicht /Balzert 82/). In vorhandenen Ansätzen werden Produktmerkmale der Verständlichkeit teilweise der Korrektheit zugeordnet. /Stevens 81, S.67/ sagt beispielsweise aus, daß die Anwendung von "structured design" zu weniger Fehlern führt, da zu einem gegebenen Zeitpunkt weniger Code gehandhabt werden muß. /Feuer, Fowlers 79, S.354/ haben ermittelt, daß die intensive Verwendung von Auswahlanweisungen bei größeren Programmen die Fehlerrate stark erhöht.
Diese Produktmerkmale werden hier nicht explizit als Einflußgrößen bzgl. der Korrektheit aufgeführt. Diese Angabe erübrigt sich, da die Verständlichkeit im Netz der Qualitätseigenschaften (Kap. 4) als Voraussetzung für die Korrektheit angegeben ist. Das bedeutet, daß wenn zielorientiert Korrektheit gefordert wird, bei der Produktkonstruktion auch diejenigen Produktmerkmale gefordert werden, die in Relation zur Verständlichkeit stehen.

K o r r e k t h e i t	
Einfluß	kein Einfluß
	** Strukturierung **
	** Dokumentationsumfang **
	** Sprachverwendung **
	** Visualisierung **
	** Operabilität **
	** Einheitlichkeit **
** Konsistenz **	

6.3.4 Einfluß auf die Fehlertoleranz

Einfluß der Operabilität

/McCall, Matsumoto 80/ und /Leveson 84, S.53/ nennen eine Reihe von Operationen zur Realisierung der Fehlertoleranz. Exemplarisch seien genannt "All input is checked before processing begins" und "When an error is detected, it should be passed up to a calling routine".

Vor einer Division muß das Software-System prüfen, ob eine Fehlersituation entstehen kann, d.h. ob der Nenner gleich Null ist /Anderson 77, S. 5/.

/Cristian 79/ beschreibt ein konkretes "recovery"-Verfahren. Nach /Cristian 84, S.163/ wird in existierenden Betriebssystemen mehr als die Hälfte des Codes für Fehlerentdeckung und Fehlerbehebung benötigt.

F e h l e r t o l e r a n z	
Einfluß	kein Einfluß
	** Strukturierung **
	** Dokumentationsumfang **
	** Sprachverwendung **
	** Visualisierung **
** Operabilität **	
	** Einheitlichkeit **
	** Konsistenz **

Die Reaktionen (interne Aktionen) des Software-Systems auf Fehler bestimmen ausschließlich die Fehlertoleranz. Alle anderen Produkteigenschaften üben daher keinen Einfluß aus.

6.3.5 Einfluß auf die Restartfähigkeit

Einfluß der Operabilität

/Mehmaneche et al. 83/ beschreiben die Operationen eines dedizierten Produkts, die nach einem vollständigen Systemausfall einen Wiederanlauf ermöglichen.

R e s t a r t f ä h i g k e i t	
Einfluß	kein Einfluß
	** Strukturierung **
	** Dokumentationsumfang **
	** Sprachverwendung **
	** Visualisierung **
** Operabilität **	
	** Einheitlichkeit **
	** Konsistenz **

Der Wiederanlauf eines Software-Systems ist ein Verfahren, das sich aus einer Reihe einzelner interner Aktionen zusammensetzt. Daher übt nur die Operabilität einen Einfluß auf die Restartfähigkeit aus.

6.4 Resümee der analysierten Relationen

Die folgende Matrix gibt eine Übersicht über den Einfluß der Produkteigenschaften auf die Qualitätseigenschaften.

Einfluß der Produkteigenschaften auf die Qualitätseigenschaften	Strukt ur.	Dokume nt.	Sprach ve.	Visual is.	Operab il.	Einhei tl.	Konsis ten
Verständlichkeit	x	x	x	x		x	x
Änderbarkeit	x	x	x	x	x		
Portabilität	x	x	x		x		
Reparierbarkeit	x	x	x	x			
Kopplungsfähigkeit	x	x				x	
Wiederverwendbarkeit	x	x		x			
Prüfbarkeit	x	x	x	x			
Effizienz	x		x		x		x
Zugriffsschutz					x		
Korrektheit							x
Fehlertoleranz					x		
Restartfähigkeit					x		

Besonders auffallend ist bei der Betrachtung der Relationen, daß die Qualitätseigenschaften Zugriffsschutz, Fehlertoleranz und Restartfähigkeit nur durch die Operabilität beeinflußt werden.

Änderbarkeit und Reparierbarkeit besitzen viele Gemeinsamkeiten bzgl. ihrer Relationen zum Produktmodell. Die zugehörigen Aktionen (Änderung bzw. Reparatur) können sich jeweils auf das ganze Software-Produkt beziehen.
Es existieren jedoch auch einige Unterschiede. Änderungen können sehr umfangreich sein (z.B. Hinzufügen neuer Funktionen). Reparaturen sind dagegen i.allg. Modifikationen vorhandener Funktionen. Der Umfang einer Reparatur ist daher oft

wesentlich geringer als der einer Änderung. Ein weiterer Unterschied liegt darin, daß zukünftige Änderungen bis zu einem gewissen Grad anhand von Erfahrungen vorhergesehen werden können. Fehlerkonstellationen sind dagegegen stets unerwartet.
Daraus ergibt sich, daß die Produktmerkmale der Änderbarkeit zusätzlich zu den Produktmerkmalen der Reparierbarkeit zukünftige Erweiterungen und potentiell sich ändernde Entwurfsentscheidungen berücksichtigen müssen.

Im Gegensatz zu Änderbarkeit und Reparierbarkeit betreffen Modifikationen bzgl. der Portabilität und der Kopplungsfähigkeit nur dedizierte Teile des Produkts.
Bei der Portabilität handelt es sich dabei um die Schnittstellen zum Grundsystem, bei der Kopplungsfähigkeit um Schnittstellen zu gleichrangigen Software-Produkten. Die Produktmerkmale, die diese Qualitätseigenschaften beeinflussen, beziehen sich demgemäß auf diese Schnittstellen.

7. Exemplarische Anwendung des Modells

Ziel dieses Kapitels ist es, exemplarisch zu zeigen, wie das entwickelte Modell für die systematische Software-Qualitätssicherung in der industriellen Praxis eingesetzt werden kann. Als Anwendung wird die Erstellung von Checklisten ausgewählt.

7.1 Ableitungssystematik für Checklisten

In diesem Abschnitt wird zunächst unabhängig von der gewählten Anwendung die Ableitungssystematik beschrieben. Anschließend wird auf die Problematik der Checklistengestaltung eingegangen.

7.1.1 Beschreibung der Ableitungssystematik

Zur systematischen Anwendung des Modells sind folgende Schritte durchzuführen:

I. Festlegen der Qualitätseigenschaften
II. Ermitteln der beeinflussenden Produkteigenschaften
III. Ermitteln der relevanten Produktmerkmale
IV. Aufführen der Produktmerkmale

I. Festlegen der Qualitätseigenschaften
Mittels Kap. 4 sind die zu fordernden Qualitätseigenschaften zu bestimmen, sofern sie nicht bereits festliegen. Die relevanten Qualitätseigenschaften lassen sich ermitteln aus den Produktzielen und dem Anwendungsbereich. Dabei ist für jede Qualitätseigenschaft insbesondere der Punkt "Begründung der Notwendigkeit" in Kap. 4 zu betrachten. Bei Qualitätseigenschaften, die sich weiter untergliedern lassen, ist zu prüfen, ob diese Differenzierung berücksichtigt werden soll.
Zur Festlegung einer vollständigen Menge von Qualitätseigenschaften sind die Interrelationen der Qualitätseigenschaften zu berücksichtigen (vgl. Abschnitt 4.5.2).

Die Dokumentation dieses Schrittes erfolgt durch den vollständigen Baum aller geforderten Qualitätseigenschaften.

II. Ermitteln der beeinflussenden Produkteigenschaften

Mittels Kap. 6 sind diejenigen Produkteigenschaften zu bestimmen, die einen Einfluß auf die geforderten Qualitätseigenschaften ausüben. Stellt die jeweilige Anwendung eine (teilweise) Konkretisierung des Entwicklungsmodells dar, so ist die spezifische Strukturierung der Produkteigenschaften in Faktoren zu berücksichtigen.

III. Ermitteln der relevanten Produktmerkmale

Aus Kap. 5 ist zu entnehmen, durch welche Produktmerkmale die ermittelten Produkteigenschaften bzw. deren Faktoren beschrieben werden. Diese Produktmerkmale dienen als Ausgangsbasis für die Herleitung von Produktmerkmalen für die konkrete Anwendung.

IV. Aufführen der Produktmerkmale

Aus der entsprechenden Literatur sind die Produktmerkmale zu entnehmen. Zusätzlich sind die in Kap. 5 aufgeführten Systematiken für die Herleitung von Produktmerkmalen zu verwenden. Das ist insbesondere bei den Produkteigenschaften Einheitlichkeit und Konsistenz der Fall.

Es ist zu beachten, daß nicht jedes Produktmerkmal einer Produkteigenschaft einen Einfluß auf die Qualitätseigenschaft ausübt, wenn diese in Relation zueinander stehen. Für jedes ermittelte Produktmerkmal ist daher zu prüfen, ob es einen entsprechenden Einfluß besitzt. Ebenso ist die Richtung des Einflusses zu bestimmen.

Um die spätere Überprüfung (z.B. anhand einer Checkliste) zu erleichtern, ist es sinnvoll, jedes Produktmerkmal so zu formulieren, daß es auf die zugehörige Qualitätseigenschaft einen positiven Einfluß hat. Beispielsweise übt das Produktmerkmal "Durchgängige Seitennumerierung" einen negativen Einfluß auf die Änderbarkeit aus. Es ist daher umzuformulieren in "Kapitelweise Seitennumerierung", da es in dieser Form einen positiven Einfluß auf die Änderbarkeit hat.

7.1.2 Gestaltungskriterien für Checklisten

Typ der Prüffragen

Checklisten sind Kataloge von relevanten Kriterien, nach denen gegebene Objekte überprüft werden können. Sie sollen den Bewerter im Prozeß führen und vor allem sicherstellen, daß wichtige Bewertungsgesichtspunkte nicht vergessen werden /Weinreich o.J./. Checklisten können für sehr unterschiedliche Zwecke eingesetzt werden.

Jedes Bewertungskriterium wird in Form einer Prüffrage formuliert. Prüffragen können sowohl von offener als auch von geschlossener Art sein. Offene Fragen fordern zu Begründungen auf /Weinreich o.J./. Sie sind wegen der schwierigen Auswertung für Checklisten zur Software-Qualitätsprüfung nicht geeignet.

Bei geschlossenen Fragen wird die Checkliste mit dem Meßinstrument Skala verknüpft, da hier Antworten vorgegeben sind. Der einfachste Fall ist das nominale Meßniveau. Hier werden z.B. nur die Antworten "ja" und "nein" zur Auswahl gestellt /Weinreich o.J./. Positive Antworten sollen die Erfüllung der geforderten Qualität, negative Antworten Qualitätsmängel aufzeigen (Beispiel 1). Ebenso können die Prüffragen durch eine verbale Rangskala geschlossen werden (Beispiel 2).

Beispiel 1:
FRAGE: Besitzt jeder Modul eine funktionale oder informale
       Bindung?
ANTWORT: ja/nein

Beispiel 2:
FRAGE: Welche Art der Bindung besitzt ein Modul?
ANTWORT: funktional, informal, sequentiell, kommunikativ
         prozedural, zeitlich, logisch, zufällig
         /Balzert 82/

Bei der Qualitätsprüfung von Software sind für Checklisten zwei grundsätzliche Einsatzmöglichkeiten denkbar. Zum einen können sie zur Bewertung von Produkten herangezogen werden. Andererseits können sie dazu dienen, Produktanomalien (Abweichungen von der geforderten Qualität) zu entdecken. Nach /Boehm et al. 78/ ist der zuletzt genannte Zweck von größerer Bedeutung, da man i. allg. an der Feststellung interessiert ist, wo das Produkt Mängel besitzt und welcher Art sie sind.

Entsprechend dem Zweck, den die Checkliste erfüllen soll, müssen die Prüffragen formuliert und die Antwortskala gewählt werden. Zum Aufdecken von Produktanomalien eignet sich eine Frage wie in Beispiel 1, zur Bewertung wird die Form wie in Beispiel 2 herangezogen.

Strukturierung der Checklisten

Unabhängig davon, welche der genannten Zielsetzungen mit einer Checkliste verfolgt werden soll, müssen folgende Anforderungen erfüllt sein, um einen wirtschaftlichen und effizienten Einsatz zu ermöglichen.

1. Möglichst wenig Blättern im Produkt (Dokumentation, Programme) erforderlich.
2. Pro Seite ist die Konzentration der Prüfers auf einzelne Produktelemente zu unterstützen.
3. Verwendbar zur Dokumentation des Prüfvorganges.
   Analog zu Testprotokollen, die die Korrektheit der Programme zeigen sollen, dienen die ausgefüllten Checklisten als Nachweis der erbrachten Qualität.
4. Einsatz unterschiedlich qualifizierter Prüfer unterstützen.
   Es gibt eine Reihe von Produktmerkmalen, die ohne großes Fachwissen geprüft werden können, z. B. Vorhandensein eines Inhaltsverzeichnisses. Die Prüfung anderer Produktmerkmale erfordert einen qualifizierten Spezialisten (z.B. funktionale Modulbindung).
   Bei einer größeren Anzahl von Prüffragen kann es sich lohnen, für jede Gruppe getrennte Checklisten zu erstel-

len, um eine ökonomische Qualitätskontrolle zu ermöglichen.

Um diese Anforderungen zu erfüllen , müssen die Checklisten in bestimmter Form strukturiert werden. Dazu ist für jede Produktkomponente, die in dieser Form wiederholt vorkommt (z.B. SADT-Diagramm, Modulspezifikation, Modulimplementierung), eine separate Checkliste zu erstellen.
Für die lokale Prüfung innerhalb einer Komponente gilt, daß für jedes Element Gruppen von Prüffragen gebildet werden.

Beispiel:
Zu prüfendes Produktelement sei die Modulschnittstelle. Dazu können dann folgende Prüffragen gestellt werden:
1. Ist die Modulschnittstelle vollständig spezifiziert?
2. Ist der Modulname aussagekräftig?
3. Sind alle Parameternamen aussagekräftig?
4. Sind alle Parameter "reine" Daten?
etc.

Eine Strukturierung der Checklisten nach Produkt- oder Qualitätseigenschaften ist aus den genannten Gründen nicht sinnvoll.
Checklisten können zur Dokumentation des Prüfvorgangs verwendet werden. Dazu müssen sie noch einige Informationen, wie z.B. Produktbezeichnung, Name des Prüfers und Datum der Prüfung enthalten. Auf diese Informationen wird hier nicht näher eingegangen.

7.2 Exemplarische Ableitung von SADT-Checklisten

Ziel dieses Kapitels ist es, exemplarisch zu zeigen, wie mittels der in Abschnitt 7.1 beschriebenen Ableitungssystematik und unter Berücksichtigung der Gestaltungskriterien Checklisten aufgestellt werden können.

7.2.1 Definition und Begründung der Aufgabenstellung

Als Produkt, auf das die Checklisten anzuwenden sind, wird das SADT-Modell in der Definitionsphase gewählt.
Diese Wahl hat folgende Gründe:
Checklisten für die Überprüfung von Programmen sind in existierenden Ansätzen /Werner 81/, /Boehm et al. 78/, /McCall, Matsumoto 80/ bereits vorhanden.
Aufgrund des exponentiellen Kostenanstiegs bei der Fehlerbehebung ist eine Qualitätsprüfung in der Definitionsphase von besonderer Bedeutung.
Die Methode SADT (Structured Analysis and Design Technique) besitzt bereits eine relativ weite Verbreitung, (z.B. Integration von SADT in das Volkshochschulzertifikat Informatik), die in der Zukunft noch zunehmen dürfte.
Es ist ein relativ geringer Aufwand notwendig, um die Checklisten für ähnliche Methoden, z.B. Structured Analysis /DeMarco 79/, zu modifizieren.

Da die SADT-Methodik /Softech 76/ sehr umfangreich ist, beschränken sich die Checklisten auf die SADT-Diagramme. Es werden also weder Texte, FEO´s (For Exposition Only) noch die organisatorische Information zur Ablage und Verwaltung der SADT-Modelle berücksichtigt.
Auch für die SADT-Diagramme erfolgt die Herleitung der Checklisten nur auszugsweise. Diese Verkürzung erscheint gerechtfertigt, da das Ziel dieses Kapitels nur die exemplarische Anwendung des konzipierten Modells ist.

Das Erstellen eines SADT-Modells ist ein hochgradig kreativer und subjektiv geprägter Prozeß. Entsprechend schwierig ist die Prüfung eines SADT-Modells, da es für die Erstellung eines "guten" Modells eine große Variationsbreite gibt.
Ebenso ist es schwierig festzustellen, ob eine Abweichung von der geforderten Norm ein Qualitätsmangel ist oder ob es sich um eine Ausnahme von einer gültigen Vorschrift handelt (Beispiel 1). Außerdem können Konstellationen auftreten, wo sich die geforderten Produktmerkmale widersprechen (Beispiel 2). Hier muß jeweils individuell abgewogen werden, welchen Produktmerkmalen der Vorzug zu geben ist.

Beispiel 1:
Ein gefordertes Produktmerkmal ist, daß die Kästchen im Sinne einer guten Verständlichkeit möglichst in der Diagonalen angeordnet werden. Es gibt jedoch auch einige Fälle, in denen dies keineswegs sinnvoll ist.

Beispiel 2:
Produktmerkmal 1 = Kästchen in der Diagonalen anordnen.
Produktmerkmal 2 = Anzahl der Pfeilecken minimieren.
Produktmerkmal 3 = Überschneidungen von Pfeilen minimieren.

Bemerkung:
Bei der folgenden Ableitung wird vorausgesetzt, daß der Leser mit der Methode SADT vertraut ist. Eine kompakte und übersichtliche Einführung findet sich z.B. in /Balzert 82/ und /Willmer, Balzert 84/.

7.2.2 Anwendung der Ableitungssystematik

I. Festlegen der Qualitätseigenschaften

Gefordert werden die Qualitätseigenschaften Änderbarkeit und Korrektheit.

Anhand des Netzes der Qualitätseigenschaften in Kap. 4 wird erkenntlich, daß zusätzlich die Qualitätseigenschaften Verständlichkeit (Voraussetzung für Änderbarkeit und Korrektheit) und Prüfbarkeit (Voraussetzung für Korrektheit, Konsequenz für Änderbarkeit) gefordert werden müssen. Die Qualitätseigenschaft Korrektheit wird nicht weiter untergliedert.

Damit ergibt sich folgender Qualitäts-Teilbaum:

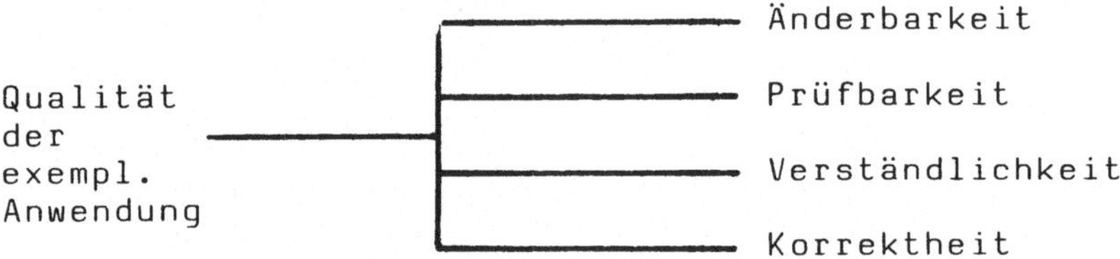

II. Ermitteln der beeinflussenden Produkteigenschaften

Die geforderten Qualitätseigenschaften werden von den Produkteigenschaften Strukturierung, Dokumentationsumfang, Sprachverwendung, Visualisierung, Einheitlichkeit und Konsistenz beeinflußt. Die Operabilität entfällt, weil es sich um ein Produkt der Definitionsphase handelt.

III + IV: Ermitteln und Aufführen der relevanten Produktmerkmale

Aus /Softech 76/ lassen sich folgende Produktmerkmale entnehmen:

Strukturierung

1. Kästchen in mindestens 3 und höchstens 6 Komponenten zerlegen.
2. Jede Kästchenseite soll max. 4 Pfeile besitzen.
3. Logisch zusammengehörende Pfeile mit gleicher Quelle und gleicher Senke bündeln.
4. Vermeiden willkürlicher Datenbündel.
5. Verknüpfung mehrerer einfacher Modelle (ca. 20-30 Diagramme) mittels Kopplungsmechanismus (mechanism models).
6. Verknüpfung von "mechanism models" durch ein Netz.
7. Übereinstimmendes Abstraktionsniveau für Funktionen und Daten innerhalb eines Diagramms.
8. Jede Zerlegung soll neue Information liefern.

Dokumentationsumfang

1. Knotenverzeichnis aller Diagramme.
2. Glossar von Begriffen, die in Diagrammen und Texten verwendet werden.
3. Jedes Kästchen enthält Funktionsname (Aktigramm) bzw. Datenname (Datagramm).
4. An jeden Pfeil ist Daten- (Aktigramme) bzw. Funktionsname (Datagramme) angetragen.
5. Alle Kommentare innerhalb eines Diagramms sind aufsteigend durchnumeriert.
6. Zu jedem externen Pfeil existiert ein ICOM-Code.

Sprachverwendung

1. Funktionsname ist starkes Verb.
2. Datenname ist aussagekräftiges Substantiv.
3. Verwendung anwendungsspezifischer Begriffe und Abkürzungen.
4. Kommentare kurz und aussagekräftig.

5. Bei logisch zusammengehörenden I/O- und C/O-Kopplungen Rückkopplungspfeile (bidirektionale Pfeile) verwenden.

Visualisierung

1. Überschneidungen von Pfeilen minimieren.
2. Anzahl von Pfeilecken minimieren.
3. Kästchen möglichst in der Diagonalen von links oben nach rechts unten anordnen.
4. Bidirektionale Pfeile durch Punkte hervorheben.
5. ICOM-Codes an das äußere Ende von Pfeilen angetragen.
6. Kommentare in die linke untere Ecke eines Diagramms eintragen.
7. Parallele Pfeile sollen angemessenen Abstand besitzen.
8. Äußere Pfeilenden nicht bis an den Diagrammrand ziehen.
9. Pfeile vertikal und horizontal anordnen.
10. Kästchennummer in der rechten unteren Ecke eintragen.

Einheitlichkeit

(keine Angaben)

Konsistenz

1. Diagramm verfeinert genau das entsprechende Kästchen des Eltern-Diagramms.
   1.1 Kästchen-Name = Diagramm-Titel.
   1.2 Kästchen-Pfeile entsprechen externen Diagramm-Pfeilen
      1.2.1 Alle Pfeile des Kästchens bzw. deren Verfeinerungen sind im Kind-Diagramm enthalten.
      1.2.2 Alle ICOM-Codes sind korrekt gesetzt.
2. Daten- und Funktionsnamen sind im Modell eindeutig.
3. Letzte Ziffer der Diagramm-Knotennummer ist die Nummer des Eltern-Kästchens.
4. Aktigramme und Datagramme enthalten jeweils die gleichen Daten und Aktivitäten.
   4.1 Alle Pfeile eines Aktigramms können den Kästchen des Datagramms zugeordnet werden.
   4.2 Alle Pfeile eines Datagramms (bis auf solche, die Aktionen der Umwelt darstellen) können einem Kästchen des Datagramms zugeordnet werden.

5. Definierter Blickwinkel ist konsistent eingehalten.

Mittels Kap. 5 können folgende weitere Produktmerkmale abgeleitet bzw. ermittelt werden; dazu sind die bei der "Zuordnung von Produktmerkmalen" aufgestellten Schemata zu verwenden.

zu: Dokumentationsumfang

7. Kommentare enthalten Genauigkeitsanforderungen von Daten.

zu: Sprachverwendung

6. Kommentare stichpunktartig formulieren.

zu: Einheitlichkeit

1. Einheitliche Kästchengröße.
2. Einheitliches Abrunden von Pfeilecken.
3. Einheitliche Numerierung der Kästchen von "links nach rechts" und von "oben nach unten".
4. Einheitliche Abkürzungen.
5. Einheitliche Komplexität aller Diagramme.
6. Einheitliches Antragen von Namen an die Pfeile.

Keine Ergänzungen erfolgen zu den Produkteigenschaften Strukturierung, Visualisierung und Konsistenz.
Die Relationen zwischen den ermittelten Produktmerkmalen und den zugehörigen Qualitätseigenschaften sind von der Art "hat positiven Einfluß auf".

7.2.3 Aufstellen der Checklisten

Die Checklisten sollen zur Aufdeckung von Produktanomalien dienen. Daher werden alle Prüffragen in geschlossener Form auf nominalem Meßniveau mit ja-/ nein-Antworten formuliert.

Die Prüfung der SADT-Modelle kann durch einen (SADT-) Spezialisten (logische Prüfung) und einen Nicht-Fachmann (formale Prüfung) erfolgen. Da Abweichungen, die im Rahmen der formalen Prüfung festgestellt werden, nicht unbedingt Qualitätsmängel darstellen, ist es ratsam, diese Abweichungen von einem Spezialisten nachträglich kontrollieren zu lassen. Vor der logischen Prüfung ist daher zweckmäßigerweise die formale Prüfung durchzuführen. Im Rahmen der logischen Prüfung sind dann weitere Prüffragen zu beantworten. Beide Fragenkomplexe werden hier in einer Checkliste zusammengefaßt.

Um eine effiziente Prüfung von SADT-Diagrammen zu ermöglichen, erscheint folgende Strukturierung der Checklisten sinnvoll:

1. Gesamtmodell
2. Diagramm
   - Kästchen
   - Pfeile
   - Kommentare
   - Beziehungen zum Eltern-Diagramm
   - Rahmen (wird hier nicht berücksichtigt!)
3. Akti-/ Datagramm-Verknüpfung

Für die Gesamtstruktur ist pro SADT-Modell, das sich aus mehreren einfachen SADT-Modellen zusammensetzen kann, eine Checkliste zu erstellen.
Eine weitere Checkliste dient der Prüfung einzelner Diagramme. Diese Checkliste enthält nacheinander die Fragenkomplexe Kästchen, Pfeile, Kommentare, Beziehungen zum Eltern-Diagramm und allgemeine Fragen.
Werden in einen einfachen SADT-Modell Akti- und Datagramme

erstellt, so ist ein Verknüpfungsprozeß ("Tie Process" /Softech 76/) sinnvoll. Bei dessen Durchführung sind eine Reihe von Prüffragen zu stellen. Diese Fragen werden in einer Checkliste zusammengestellt. Für jedes einfache SADT-Modell ergibt sich somit eine Checkliste dieser Form.

Es wird vorausgesetzt, daß der Prüfer, der die Checklisten benutzt, die SADT-Methode zumindest in ihren Grundzügen kennt. Abnormale Spezifikationen, z.B. ICOM-Codes in das Eltern-Kästchen eingetragen, werden nicht durch die Checklisten geprüft. Es wird erwartet, daß der Prüfer diese Abweichungen selbständig erkennt.

Im folgenden werden die Checklisten für das Gesamtmodell und für einzelne SADT-Diagramme aufgeführt. Auf die Angabe einer Checkliste zum Verknüfungsprozeß für Akti- und Datagramme wird verzichtet, weil zum Verständnis vertiefte SADT-Kenntnisse nötig sind. Die Checklisten sind für den profesionellen Prüfer konzipiert. Zur Einarbeitung empfiehlt sich zusätzlich ein Handbuch anolog /SMEH 80/.
Jeder Fragenkomplex besteht aus je einem Teil für den Nicht-Spezialisten (1.Teil) und den Spezialisten (2.Teil).

SADT-Checkliste: Gesamtmodell (Auszug)

S A D T - C H E C K L I S T E	Gesamtmodell

Qualitätseigenschaften
- Änderbarkeit
- Prüfbarkeit
- Verständlichkeit
- Korrektheit

Prüfer: Projekt:
Datum :

	ja	nein
1. Umfaßt jedes SADT-Modell max. 20 bis 30 Diagramme ?	o	o
2. Sind einfache Modelle durch den Kopplungsmechanismus verknüpft ?	o	o
3. Werden einheitliche Abkürzungen verwendet?	o	o
4. Sind Daten- und Funktionsnamen im Modell eindeutig ?	o	o
5. Existiert ein Glossar von Begriffen, die in den Diagrammen verwendet werden?	o	o
5. Wird der definierte Blickwinkel in jedem einfachen SADT-Modell konsistent eingehalten ?	o	o
6. Sind die Blickwinkel gekoppelter einfacher Modelle miteinander konsistent ?	o	o
7. Besitzen alle Diagramme einheitliche Komplexität ?	o	o

SADT-Checkliste: Diagramm (Auszug)

S A D T - C H E C K L I S T E	Diagramm
Qualitätseigenschaften - Änderbarkeit - Prüfbarkeit	- Verständlichkeit - Korrektheit
Prüfer: Datum :	Projekt: Knotennr./Fortlauf.Nr.: /

	ja	nein
A. Kästchen		
A1. Wird das Kästchen in mindestens 3 und höchstens 6 Komponenten zerlegt ?	o	o
A2. Aktigramme: Ist der Kästchenname ein starkes Verb ? — Datagramm: Ist der Kästchenname ein aussagekräftiges Substantiv ?	o	o
B. Pfeile		
B1. Existiert zu jedem externen Pfeil ein ICOM-Code ?	o	o
B2. Werden logisch zusammengehörende Pfeile gebündelt ?	o	o
B3. Werden willkürliche Pfeilbündel vermieden ?	o	o
B4. Werden bei logisch zusammengehörenden I/O- und C/O-Kopplungen Rückkopplungspfeile verwendet ?	o	o
B5. Aktigramme: Ist der Pfeilname ein aussagekräftiges Substantiv ? — Datagramme: Ist der Pfeilname ein starkes Verb ?	o	o

C. Kommentare

C1. Sind die Kommentare in der linken unteren Ecke eingetragen ? o o

C2. Sind die Kommentare aufsteigend durchnumeriert ? o o

C3. Enthalten Kommentare Genauigkeitsanforderungen für die Daten ? o o

C4. Sind die Kommentare stichpunktartig formuliert ? o o

C5. Sind die Kommentare kurz und aussagekräftig ? o o

D. Beziehungen zum Eltern-Diagramm

D1. Ist die letzte Ziffer der Knotennummer die Nummer des Eltern-Kästchens ? o o

D2. Liefert die Zerlegung gegenüber dem Eltern-Kästchen neue Information ? o o

D3. Stimmt der Diagrammtitel mit dem Namen des Eltern-Kästchens überein ? o o

D4. Sind alle Pfeile des Eltern-Kästchens bzw. deren Verfeinerungen vorhanden ? o o

D5. Sind alle ICOM-Codes korrekt gesetzt ? o o

E. Allgemeine Fragen
(keine Angaben zur formalen Prüfung)

E1. Stimmt das Abstraktionsniveau von Funktionen und Daten überein ? o o

E2. Werden anwendungsspezifische Begriffe und Abkürzungen verwendet ? o o

8. Ausblick

Ausgehend von den dargestellten Konzepten dieser Arbeit und deren exemplarischer Anwendung sollen einige mögliche weitere Anwendungen und Erweiterungen umrissen werden.

(a) Anforderungen an Methoden, Sprachen, Richtlinien und Werkzeuge

Mittels des Gesamtmodells läßt sich gezielt ermitteln, welche Produkteigenschaften bzw. Produktmerkmale von den eingesetzten Methoden, Sprachen, Richtlinien und Werkzeugen unterstützt werden müssen, um die geforderte Qualität sicherzustellen. Ebenso können diese Hilfsmittel anhand des Modells daraufhin analysiert werden, inwieweit sie zur Erreichung der geforderten Qualität beitragen.

(b) Überlegungen zur systematischen Sicherstellung geforderter Produktmerkmale

Eine systematische Software-Qualitätssicherung muß durch den kombinierten Einsatz von konstruktiven und analytischen Qualitätssicherungsmaßnahmen erfolgen /Balzert 82/. Unter ökonomischen Gesichtspunkten betrachtet ist der Einsatz von Werkzeugen sowohl für konstruktive als auch analytische Maßnahmen am wichtigsten unter allen Hilfsmitteln.
Hier sind Überlegungen nötig, welche Produktmerkmale sich durch Werkzeug-Einsatz sicherstellen lassen.

(c) Aufzeigen von Konflikten zwischen geforderten Qualitätseigenschaften

Konflikte zwischen geforderten Qualitätseigenschaften wurden in dieser Arbeit nur am Rande betrachtet. Hier sind Untersuchungen sinnvoll, die für dedizierte Produktmerkmale analysieren, inwieweit sie einen Konflikt darstellen und welche Kompromisse in Konflikt-Fall möglich sind.

(d) Ausprägungsstufen für Qualitätseigenschaften

Beispiele für Ausprägungsstufen enthalten die Modelle von /Pocsay, Rombach 84/ und /Willmer, Balzert 84/. Eine solche Differenzierung wäre auch bei dem hier entwickelten Gesamtmodell sinnvoll, da es nicht immer nötig ist, eine Qualitätseigenschaft in ihrer höchsten Ausprägung zu fordern.

(e) Gewichtung des Einflusses der Produktmerkmale

Bei der Analyse der Relationen zwischen Produktmerkmalen und Qualitätseigenschaften ist die Ermittlung der Einflußintensität von Interesse. Diese Gewichtung steht in engem Zusammenhang mit Punkt (d).

(f) Erweiterung des Modells für die Qualitätsbewertung

Um das vorgestellte Modell für die Qualitätsbewertung nutzen zu können, muß eine Bewertungssystematik eingeführt werden. Für jede Qualitätseigenschaft muß eine Bewertungsskala (Aufwand, Fehleranzahl etc.) angegeben werden. Zwischen dieser Skala und den Produktmerkmalen ist eine Abbildung aufzustellen. Punkt (d) stellt einen Sonderfall dieser Erweiterung dar. Eine Voraussetzung für die Bewertung ist Punkt (e).

(g) Analyse des Einflusses von Produktmerkmal-Kombinationen

In Kapitel 6 werden stets einzelne Relationen zwischen Produktmerkmalen und Qualitätseigenschaften betrachtet. Man könnte weiterhin untersuchen, wie Kombinationen von Produktmerkmalen die Qualität beeinflussen und ob man durch geeignete Kombination von Produktmerkmalen den Einfluß auf die Qualität verstärken kann. Voraussetzung für diese Analyse ist Punkt (e).

(h) Empirische Validation des vorgestellten Modells

Für eine konkrete Entwicklungsumgebung kann das vorgestellte Modell validiert werden, wobei insbesondere die aufgestellten Relationen überprüft werden können.

9. Literatur

Verzeichnis der verwendeten Akkürzungen:

CACM : Communications of the ACM
Computer : IEEE Computer
GACM : German Chapter of the ACM
GI: Gesellschaft für Informatik
ICSE : International Conference on Software Engineering
Infotech : Infotech State of the Art Report
SIGSOFT : ACM Software Engineering Notes
SIGPLAN : ACM SIGPLAN Notices
ToC : IEEE Transactions on Computers
ToSE : IEEE Transactions on Software Engineering

/Anderson 77/
Anderson T.; Software Fault-Tolerance: A System Supporting Fault-Tolerant Software; Infotech, Software Reliability 2, 1977, S. 1-14

/Babad 77/
Babad J. M.; A Record and File Partioning Model; CACM, Vol. 20, No. 1, January 1977, S. 22-31

/Balzert 82/
Balzert H.; Die Entwicklung von Software-Systemen; Bibliographisches Institut, Mannheim 1982

/Basili, Perricone 84/
Basili V. R., Perricone B. T.; Software Errors and Complexity: An Empirical Investigation; CACM, Vol. 27, No. 1, January 1984, S. 42-51

/Beckmann 77/
Beckmann A.; Comments Considered Harmful; SIGPLAN, Vol. 12, No. 4, April 1977

/Bergland, Gordon 82/
Bergland G. D., Gordon R. D.; Software Design Strategies - Tutorial Notes; IEEE Tutorial, Hannover 1982

/Berns 84/
Berns G.M.; Assessing Software Maintainability; CACM, Vol. 27, Vol. 1, January 1984; S. 16-23

/Berry 75/
Berry D. M.; Structured Documentation; SIGPLAN, Vol. 10, No. 11, November 1975

/Boehm 76/
Boehm B. W.; Software Engieering; ToC, Vol. C-25, No. 12, December 1976

/Boehm et al. 78/
Boehm B. W., Brown J. R., Kaspar H., Lipow M., MacLeod G. J., Merrit M. J.; Characteristics of Software Quality; North-Holland, Amsterdam 1978

/Buckley, Poston 84/
Buckley F. B., Poston R.; Software Quality Assurance; ToSE, Vol. SE-10, No. 1, January 1984, S. 36-41

/Carter 82/
Carter B.; On Choosing Identifiers; SIGPLAN, Vol. 17, No. 5, May 1982, S. 54-59

/Cary 76/
Cary T.; Structured BASIC Programs for Managing Overlays in a Small Computer System; SIGPLAN, Vol. 11, No. 4, April 1976, S. 88-93

/Clifton 78/
Clifton M. H.; A Technique for Making Structured Programs more Readable; SIGPLAN, Vol. 13, No. 4, April 1978, S. 58-63

/Compton 80/
Compton M. T.; Easing Fault Location in Large Systems; CACM, Vol. 23, No. 8, August 1980, S. 440-442

/Cristian 79/
Cristian F.; A Recovery Mechanism for Modular Software; 4th ICSE, 1979, S. 42-50A

/Cristian 84/
Cristian F.; Correct and Robust Programs; ToSE, Vol. SE-10, No. 2, March 1984, S. 163-174

/DeMarco 79/
DeMarco T.; Structured Analysis and System Specification; Yourdon Press, New York 1979

/DeMillo et al. 76/
DeMillo R. A., Eisenstat S. C., Lipton R. J.; Can Structured Programs be Efficient ?; SIGPLAN, Vol. 11, No. 10, October 1976, S. 10-18

/Dunn, Ullman 82/
Dunn R., Ullman R.; Quality Assurance for Computer Software; McGraw Hill, New York 1982

/Elshoff, Marcotty 82/
Elshoff J. L., Marcotty M.; Improving Computer Program Reliability to Aid Modification; CACM, Vol. 25, No. 8, August 1982, S. 512-521

/Enos, Van Tilburg 81/
Enos J. C., Van Tilburg R. L.; Tutorials Series-5: Software Design; Computer, Vol. 14, No. 2, February 1981, S. 61-83

/Endres 77/
Endres A.; Analyse und Verifikation von Programmen; Oldenburg-Verlag, München 1977

/Feuer, Fowlers 79/
Feuer A. R., Fowlers E. B.; Some Results from an Empirical Study of Computer Software; 4th ICSE, 1979, S. 351-360

/Gass et al. 81/
Gass S. I., Hoffmann K. L., Joel L. S., Saunders P. B.; Documentation for a Model: A Hierarchical Approach; CACM, Vol. 24, No. 11, November 1981, S. 728-733

/Gaster et al. 81/
Gaster D., Rommerskirch W., Seitscheck V.; Rahmenempfehlungen für die Qualitätssicherungs-Organisation; DGQ-SAQ-ÖVG-Schrift Nr. 12-45, Beuth-Verlag, Berlin 1981

/Gewald et al. 79/
Gewald K., Haake G., Pfadler W.; Software Engineering; Oldenburg Verlag, München 1979

/Gilb 76/
Gilb T.; Software Metrics; Studentlitteratur, Lund 1976

/Gilb 79/
Gilb T.; Structured Design Methods for Maintainability; Infotech, Structured Software Development 2, 1979, S. 85-98

/Gordon 79/
Gordon R. D.; Measuring Improvements in Program Clarity; ToSE, Vol. SE-5, No. 2, March 1979, S. 79-90

/Grimm 82/
Grimm S. J.; How to Write Computer Manuals for Users; Lifetime Learning Publications, London 1982

/Grogono 79/
Grogono P.; On Layout, Identifiers and Semicolons in PASCAL-Programs; SIGPLAN, Vol. 14, No. 4, April 1979

/Gudes 80/
Gudes E.; The Design of a Cryptography Based Secure File System; ToSE, Vol. SE-6, No. 5, September 1980, S. 411-420

/Gustafson, Kerr 82/
Gustafson G. G., Kerr R. J.; Some Practical Experience with a Software Quality Assurance Program; CACM, Vol. 25, No. 1, January 1982, S. 4-12

/Halstead 77/
Halstead M. H.; Elements of Software Science; Elsevier, New York 1977

/Höcker et al. 84/
Höcker H., Itzfeld W. D., Schmidt M., Timm M.; Comparative Descriptions of Software Quality Measures (draft); GMD, St. Augustin, February 1984

/Holton 75/
Holton J. B.; Toward Efficient Programming in Virtual Systems; SIGPLAN, Vol. 10, No. 12, December 1975

/Hommel 80/
Hommel G.; Portabilität von Software; GACM Bericht Nr. 4, Teubner Verlag, Stuttgart 1980

/House 80/
House R.; Comments on Program Specification and Testing; CACM, Vol. 23, No. 6, June 1980, S. 324-331

/Hueras, Ledgard 77/
Hueras J., Ledgard H.; An Automatic Formatic Program for PASCAL; SIGPLAN, Vol. 12, No. 7, July 1977

/Jackson 79/
Jackson M. A.; Grundsätze des Programmentwurfs; S. Toeche-Mittler Verlag, Darmstadt 1979

/Jensen 81/
Jensen R. W.; Tutorial Series-6: Structured Programming; Computer, Vol. 14, No. 3, March 1981, S. 31-48

/Kimm et al. 79/
Kimm R., Koch W., Simonsmeier W., Tontsch F.; Einführung in Software Engineering; Walter de Gruyter, Berlin 1979

/Koch 79/
Koch W.; SPEZI - Eine Sprache zur Formulierung von Spezifikationen; TU Berlin, Institut für Angewandte Informatik, September 1979

/Kopetz 76/
Kopetz H.; Softwarezuverlässigkeit; Carl Hanser Verlag, München 1976

/Kurbel 83/
Kurbel K.; Software Engineering im Produktionsbereich ; Gabler, Wiesbaden 1983

/Kraus, Nagel 77/
Kraus W., Nagel K.; Die EDV-Checklistensammlung; Science Research Associates GmbH, Stuttgart 1977

/Laski 79/
Laski J. W.; On Reliability of Programs with Loops; SIGPLAN, Vol. 14, No. 11, November 1979

/Ledgard, Cave 76/
Ledgard H. F., Cave W. C.; Cobol under Control; CACM, Vol. 19, No. 11, November 1976, S. 601-608

/Leveson 84/
Leveson N. G.; Software Safety in Computer-Controlled Systems; Computer, Vol. 17, No. 2, February 1984, S. 48-55

/Leveson, Harvey 83/
Leveson N. G., Harvey P. R.; Analysing Software Safety; ToSE, Vol. SE-9, No. 5, September 1983, S. 569-579

/Ling 80/
Ling R. F.; General Considerations on the Design of an Interactive System for Data Analysis; CACM, Vol.23, No. 3, March 1980, S. 147-154

/Magel 82/
Magel K.; A Theory of Small Program Complexity; SIGPLAN, Vol. 17, No. 3, March 1982, S. 37-45

/McCabe 76/
McCabe T. J.; A Complexity Measure; ToSE, Vol. SE-2, No. 4, December 1976, S. 308-320

/McCall, Matsumoto 80/
McCall J. A., Matsumoto M. T.; Software Quality Enhancements (Vol. I) und Software Quality Measurement Manual (Vol. II), RADC-TR-80-109, April 1980

/Martin, McClure 83/
Martin J., McClure C.; Software Maintenance - The Problem and its Solution; Prentice-Hall, Englewood Cliffs, New Jersey 1983

/Maruyana, Smith 76/
Maruyana K., Smith S. E.; Optimal Reorganization of Distributed Space Disk Files; CACM, Vol. 19, No. 11, November 1976, S. 634-642

/Mehlhorn 77/
Mehlhorn K.; Effiziente Algorithmen; Teubner-Verlag, Stuttgart 1977

/Mehmaneche et al. 83/
Mehmaneche H., Gläser E., Sattler H.; UTM schafft hohe Datensicherheit; data report 18, Heft 4, 1983, S. 28-31

/Modelle und Metriken 84/
Arbeitspapiere des Arbeitskreises "Modelle und Metriken" der GI-Fachgruppe "Software Engineering", bis Juni 1984

/Munson 81/
Munson J. B.; Software Maintainability; Computer, Vol. 14, No. 11, November 1981, S. 103-109

/Mußtopf, Winter 82/
Mußtopf G., Winter H.; Mikroprozessor-Systeme: Trends in Hardware und Software, Teubner, Stuttgart 1982

/Myers 76/
Myers G. J.; Software Reliability; John Wiley & Sons, New York 1976

/Page-Jones 80/
Page-Jones M.; The Practical Guide to Structured Systems Design; Yourdon Press, New York 1980

/Parnas 79/
Parnas D. L.; Designing Software for Ease of Extension and Contraction; ToSE, Vol. SE-5, No. 2, March 1979, S. 128-138

/Peercy 81/
Peercy D. E.; A Software Maintainability Evaluation Methodology; ToSE, Vol. SE-7, No. 4, July 1981, S. 343-351

/Pocsay, Rombach 84/
Pocsay A., Rombach H. D.; Ein Ansatz zur quantitativen Bewertung von Software-Qualitäts-Merkmalen; Ergebnispapier des Arbeitskreises "Modelle und Metriken" der GI-Fachgruppe "Software Engineering", Juli 1984

/Ramsdell 79/
Ramsdell J.; Prettyprinting Structured Programs with Connector Lines ; SIGPLAN, Vol. 14, No. 9, September 1979

/Ross et al. 75/
Ross D. T., Goodenough J. B., Irvine C. A.; Software Engineering: Process, Principles, and Goals; Computer, Vol. 8, No. 5, May 1975

/Schmitz et al. 82/
Schmitz P., Bons H., van Megen R.; Software-Qualitätssicherung - Testen im Software-Lebenszyklus; Vieweg, Braunschweig 1982

/Schneider 83/
Schneider W.; Deutsch für Profis; Gruner + Jahr, Hamburg 1983

/Schulz 78/
Schulz A.; Methoden des Softwareentwurfs und Strukturierte Programmierung; Walter de Gruyter, Berlin 1978

/Sheppard et al. 81/
Sheppard S. B., Kruesi E., Curtis B.; The Effects of Symbology and Spatial Arrangement on the Comprehension of Software Specifications; 5th ICSE, 1981, S. 207-214

/Shneiderman 77/
Shneiderman B.; Human Factors Experiments for Developing Quality Software; Infotech, Software Reliability 2, 1977, S. 261-276

/Shneiderman et al. 77/
Shneiderman B., Mayer R., McKay D., Heller P.; Experimental Investigations of the Utility of Detailed Flowcharts in Programming; CACM, Vol. 20, No. 6, July 1977, S. 373-381

/Siemens 83/
Siemens-Norm SN 77 350, Teil 1; Qualitätsmerkmale für Software - Begriffe und Definitionen; März 1983

/Sneed 81/
Sneed H.; Software-Entwicklungsmethodik; Verlagsgesellschaft Rudolf Müller, Köln-Braunsfeld 1981

/SMEH 80/
Software QT&E Guidelines, Volume III: Software Maintainability Evaluator´s Handbook; Air Force Test and Evaluation Center, New Mexico, April 1980

/Softech 76/
SADT, Structured Analysis and Design Technique Author Guide, Volume I in the Series Application of SADT, Softech, Massachusetts, August 1976

/Sommerville 82/
Sommerville I.; Software Engineering; Addison-Wesley, London 1982

/Spector 83/
Spector D.; Language Features to Support Reusability; SIGPLAN, Vol. 18, No. 9, September 1983

/Stetter 81/
Stetter F.; Softwaretechnologie; Bibliographisches Institut, Mannheim 1981

/Stevens 81/
Stevens W. P.; Using Structured Design; John Wiley & Sons, New York 1981

/Warren 82/
Warren S.; MAP: A Tool for Understanding Software; 6th ICSE, September 1982

/Weinberg et al. 75/
Weinberg G. M., Geller D. P., Plum T.; IF-THEN-ELSE Considered Harmful; SIGPLAN, Vol. 10, No. 8, August 1975

/Weinreich o.J./
Weinreich H.; Vademecum der Bewertung - Eine Anleitung zum Arbeiten mit Methoden der Bewertung und Auswahl von Produktideen; Batelle-Institut e. V., Frankfurt o.J.

/Werner 81/
Werner A.; Formale Analyse und Bewertung von Programmen und Programmsystemen als Beitrag zur Beurteilung von Softwareprodukten; Dissertation, Freie Universität Berlin 1981

/Willmer, Balzert 84/
Willmer H., Balzert H.; Fallstudie einer industriellen Software-Entwicklung; Bibliographisches Institut, Mannheim 1984

/Witt, Schuchmann 78/
Witt J., Schuchmann H.-R.; Was ist Portabilität; Elektronische Rechenanlagen 20, Heft 2, 1978, S. 79-84

/Zimmermann 78/
Zimmermann G.; Qualitätsmerkmale von Standardsoftware und Möglichkeiten ihrer Beurteilung; Online-adl-nachrichten, Nr.4 , 1978, S. 300-303; Nr. 5, 1978, S. 419-422; Nr. 6, 1978, S. 504-507

/Zimmermann 83/
Zimmermann G.; Customizing von Anwendersoftware; Angewandte Informatik 3/1983, S. 114-119

10. Stichwortverzeichnis

Band 54: Fehlertolerierende Rechnersysteme. GI-Fachtagung, München, März 1982. Herausgegeben von E. Nett und H. Schwärtzel. VII, 322 Seiten. 1982.

Band 55: W. Kowalk, Verkehrsanalyse in endlichen Zeiträumen. VI, 181 Seiten. 1982.

Band 56: Simulationstechnik. Proceedings, 1982. Herausgegeben von M. Goller. VIII, 544 Seiten. 1982.

Band 57: GI – 12. Jahrestagung. Proceedings, 1982. Herausgegeben von J. Nehmer. IX, 732 Seiten. 1982.

Band 58: GWAI-82. 6th German Workshop on Artificial Intelligence. Bad Honnef, September 1982. Edited by W. Wahlster. VI, 246 pages. 1982.

Band 59: Künstliche Intelligenz. Frühjahrsschule Teisendorf, März 1982. Herausgegeben von W. Bibel und J. H. Siekmann. XIII, 383 Seiten. 1982.

Band 60: Kommunikation in Verteilten Systemen. Anwendungen und Betrieb. Proceedings, 1983. Herausgegeben von Sigram Schindler und Otto Spaniol. IX, 738 Seiten. 1983.

Band 61: Messung, Modellierung und Bewertung von Rechensystemen. 2. GI/NTG-Fachtagung, Stuttgart, Februar 1983. Herausgegeben von P. J. Kühn und K. M. Schulz. VII, 421 Seiten. 1983.

Band 62: Ein inhaltsadressierbares Speichersystem zur Unterstützung zeitkritischer Prozesse der Informationswiedergewinnung in Datenbanksystemen. Michael Malms. XII, 228 Seiten. 1983.

Band 63: H. Bender, Korrekte Zugriffe zu Verteilten Daten. VIII, 203 Seiten. 1983.

Band 64: F. Hoßfeld, Parallele Algorithmen. VIII, 232 Seiten. 1983.

Band 65: Geometrisches Modellieren. Proceedings, 1982. Herausgegeben von H. Nowacki und R. Gnatz. VII, 399 Seiten. 1983.

Band 66: Applications and Theory of Petri Nets. Proceedings, 1982. Edited by G. Rozenberg. VI, 315 pages. 1983.

Band 67: Data Networks with Satellites. GI/NTG Working Conference, Cologne, September 1982. Edited by J. Majus and O. Spaniol. VI, 251 pages. 1983.

Band 68: B. Kutzler, F. Lichtenberger, Bibliography on Abstract Data Types. V, 194 Seiten. 1983.

Band 69: Betrieb von DN-Systemen in der Zukunft. GI-Fachgespräch, Tübingen, März 1983. Herausgegeben von M. A. Graef. VIII, 343 Seiten. 1983.

Band 70: W. E. Fischer, Datenbanksystem für CAD-Arbeitsplätze. VII, 222 Seiten. 1983.

Band 71: First European Simulation Congress ESC 83. Proceedings, 1983. Edited by W. Ameling. XII, 653 pages. 1983.

Band 72: Sprachen für Datenbanken. GI-Jahrestagung, Hamburg, Oktober 1983. Herausgegeben von J. W. Schmidt. VII, 237 Seiten. 1983.

Band 73: GI – 13. Jahrestagung, Hamburg, Oktober 1983. Proceedings. Herausgegeben von J. Kupka. VIII, 502 Seiten. 1983.

Band 74: Requirements Engineering. Arbeitstagung der GI, 1983. Herausgegeben von G. Hommel und D. Krönig. VIII, 247 Seiten. 1983.

Band 75: K. R. Dittrich, Ein universelles Konzept zum flexiblen Informationsschutz in und mit Rechensystemen. VIII, 246 pages. 1983.

Band 76: GWAI-83. German Workshop on Artificial Intelligence. September 1983. Herausgegeben von B. Neumann. VI, 240 Seiten. 1983.

Band 77: Programmiersprachen und Programmentwicklung. 8. Fachtagung der GI, Zürich, März 1984. Herausgegeben von U. Ammann. VIII, 239 Seiten. 1984.

Band 78: Architektur und Betrieb von Rechensystemen. 8. GI-NTG-Fachtagung, Karlsruhe, März 1984. Herausgegeben von H. Wettstein. IX, 391 Seiten. 1984.

Band 79: Programmierumgebungen: Entwicklungswerkzeuge und Programmiersprachen. Herausgegeben von W. Sammer und W. Remmele. VIII. 236 Seiten. 1984.

Band 80: Neue Informationstechnologien und Verwaltung. Proceedings, 1983. Herausgegeben von R. Traunmüller, H. Fiedler, K. Grimmer und H. Reinermann. XI, 402 Seiten. 1984.

Band 81: Koordination von Informationen. Proceedings, 1983. Herausgegeben von R. Kuhlen. VI, 366 Seiten. 1984.

Band 82: A. Bode, Mikroarchitekturen und Mikroprogrammierung: Formale Beschreibung und Optimierung. 6,1-277 Seiten. 1984.

Band 83: Software-Fehlertoleranz und -Zuverlässigkeit. Herausgegeben von F. Belli, S. Pfleger und M. Seifert. VII, 297 Seiten. 1984.

Band 84: Fehlertolerierende Rechensysteme. 2. GI/NTG/GMR-Fachtagung, Bonn 1984. Herausgegeben von K.-E. Großpietsch und M. Dal Cin. X, 433 Seiten. 1984.

Band 85: Simulationstechnik. Proceedings, 1984. Herausgegeben von F. Breitenecker und W. Kleinert. XII, 676 Seiten. 1984.

Band 86: Prozeßrechner 1984. 4. GI/GMR/KfK-Fachtagung, Karlsruhe, September 1984. Herausgegeben von H. Tauboth und A. Jaeschke. XII, 710 Seiten. 1984.

Band 87: Mustererkennung 1984. Proceedings, 1984. Herausgegeben von W. Kropatsch. IX, 351 Seiten. 1984.

Band 88: GI – 14. Jahrestagung. Braunschweig, Oktober 1984. Proceedings. Herausgegeben von H.-D. Ehrich. IX, 451 Seiten. 1984.

Band 89: Fachgespräche auf der 14. GI-Jahrestagung. Braunschweig, Oktober 1984. Herausgegeben von H.-D. Ehrich. V, 267 Seiten. 1984.

Band 90: Informatik als Herausforderung an Schule und Ausbildung. GI-Fachtagung, Berlin, Oktober 1984. Herausgegeben von W. Arlt und K. Haefner. X, 416 Seiten. 1984.

Band 91: H. Stoyan, Maschinen-unabhängige Code-Erzeugung als semantikerhaltende beweisbare Programmtransformation. IV, 365 Seiten. 1984.

Band 92: Offene Multifunktionale Büroarbeitsplätze. Proceedings, 1984. Herausgegeben von F. Krückeberg, S. Schindler und O. Spaniol. VI, 335 Seiten. 1985.

Band 93: Künstliche Intelligenz. Frühjahrsschule Dassel, März 1984. Herausgegeben von C. Habel. VII, 320 Seiten. 1985.

Band 94: Datenbank-Systeme für Büro, Technik und Wirtschaft. Proceedings, 1985. Herausgegeben von A. Blaser und P. Pistor. X, 519 Seiten. 1985.

Band 95: Kommunikation in Verteilten Systemen I. GI-NTG-Fachtagung, Karlsruhe, März 1985. Herausgegeben von D. Heger, G. Krüger, O. Spaniol und W. Zorn. IX, 691 Seiten. 1985.

Band 96: Organisation und Betrieb der Informationsverarbeitung. Proceedings, 1985. Herausgegeben von W. Dirlewanger. XI, 261 Seiten. 1985.

Band 97: H. Willmer, Systematische Software-Qualitätssicherung anhand von Qualitäts- und Produktmodellen. VII, 162 Seiten. 1985.